E L ℓ

Con un león en medio de un foso

«No te conformes con una vida normal. Conquista tus temores, acepta la unción de Dios, salta a ese foso, persigue al león y observa las maravillosas maneras en que el reino de Dios se acerca».

—Christine Caine,
fundadora de Propel Women

«*Con un león en medio de un foso* ha cambiado el giro de mi vida y mi ministerio».

—Steven Furtick,
pastor de Elevation Church

«¡Este libro ha dejado una huella indeleble en mi corazón! El pastor Batterson brinda consejos valiosísimos para que soñemos realmente en grande. Nos muestra lo que significa ver nuestros sueños desde la perspectiva de Dios y cómo vivirlos de una manera poderosa. En esta obra, nos ofrece un plan para que cada uno de nosotros podamos acceder al poder del Espíritu Santo a fin de que lleguemos a ser lo que Dios ideó que fuéramos. Este es un libro que cada triunfador y soñador debe leer».

—Buzz Williams,
entrenador de baloncesto del equipo Virginia Tech

«Mark Batterson sabe lo que hace y es humilde, pero constantemente me insta a crecer. Lo sigo como líder, lo admiro como innovador y lo amo como amigo. Mark se ha convertido en una de las voces más importantes para esta nueva generación. Todo lo que toca transforma vidas. Lee este libro y confirmarás lo que estoy diciendo».

—Craig Groeschel,
pastor de Life.Church, autor de *Sin filtro* y *El noviazgo*

«Como líder y maestro, Mark Batterson aporta imaginación, energía y visión. La genuina calidez y sinceridad de Mark impregnan su comunicación, combinando un amor intenso por su comunidad con un deseo apasionado de ver a las personas vivir lo que Dios sueña con ellas. Aprecio su disposición a arriesgarse con audacia y a llegar a extremos asombrosos para influenciar a nuestra cultura con un mensaje verdaderamente relevante».

—ED YOUNG,
pastor principal de la congregación Fellowship Church

«La pasión de Mark por Dios y por nuestra generación es contagiosa. Su escrito es franco y perspicaz. Adelante, ¡persigue al león!»

—MARGARET FEINBERG,
autora de *Un Dios sin agregados*

Dedico este libro a Parker, Summer y Josiah.
Deseo que crezcan y que se conviertan en perseguidores de leones.

Mark Batterson

Autor de best sellers del *New York Times*

CON UN
LEÓN
EN MEDIO
DE UN
FOSO

Cómo sobrevivir y triunfar
cuando la adversidad ruge

www.EditorialNivelUno.com

Para vivir la Palabra

Para vivir la Palabra

MANTÉNGANSE ALERTA;
PERMANEZCAN FIRMES EN LA FE;
SEAN VALIENTES Y FUERTES.
—1 CORINTIOS 16:13 (NVI)

Originally published in English under the title:
In a Pit with a Lion on a Snowy Day - Revised Edition by Mark Batterson
Copyright © 2016 by Mark Batterson
Published by Multnomah Books
an imprint of The Crown Publishing Group
a division of Penguin Random House LLC
10807 New Allegiance Drive, Suite 500
Colorado Springs, Colorado 80921 USA
Previously released in an earlier edition under the same title,
copyright © 2006 by Mark Batterson.
"A Decade of Dreams", "The Multiplication Anointing", and
"A Dream Within a Dream" copyright © 2016 by Mark Batterson.
Published in association with the literary agency of
Eames Literary Services, Nashville, TN.

International rights contracted through Gospel Literature International
P.O. Box 4060, Ontario, California 91761 USA

This translation published by arrangement with
Multnomah Books, an imprint of The Crown Publishing Group,
a division of Penguin Random House LLC

Edición en español © 2017 Editorial Nivel Uno, una división de Grupo Nivel Uno, Inc.

Publicado por:

Editorial Nivel Uno, Inc.
3838 Crestwood Circle
Weston, Fl 33331
www.editorialniveluno.com

ISBN: 978-1-941538-50-0

Desarrollo editorial: *Grupo Nivel Uno, Inc.*
Diseño interior y portada: *Grupo Nivel Uno, Inc.*

Impreso en USA

18 19 20 21 22 VP 9 8 7 6 5 4 3 2

CONTENIDO

Una nota del autor: Una década de sueños......................9

CAPÍTULO 1: Mira fijamente a los ojos a tu león................13

CAPÍTULO 2: Lo raro de las probabilidades....................27

CAPÍTULO 3: Desaprende tus temores........................47

CAPÍTULO 4: El arte de replantear...........................67

CAPÍTULO 5: Una incertidumbre garantizada.................89

CAPÍTULO 6: Buscar la seguridad es arriesgado.................113

CAPÍTULO 7: Agarra la oportunidad por la melena..............139

CAPÍTULO 8: La importancia de parecer tonto.................161

CAPÍTULO 9: Desata al perseguidor de leones que llevas dentro....181

CAPÍTULO 10: La unción de la multiplicación.................187

Reconocimientos..197

Notas...199

Obras citadas..205

Un fragmento escogido de: *Persigue al león*...................207

Una década de sueños

Cuando tenía diecinueve años, escuché un sermón sobre un hombre llamado Benaía, que persiguió a un león en un pozo en un día nevado y lo mató. Apenas podía creer que eso estuviera en la Biblia. Una vez que confirmé que era verdad, decidí que si alguna vez escribía un libro, sería sobre ese pasaje de las Escrituras. Dieciséis años después, ese sueño se hizo realidad cuando el 16 de octubre de 2006 se estrenó *Con un león en medio de un foso*.

Es difícil de creer que fue hace una década. Esta edición del décimo aniversario es un recordatorio oportuno de que sobreestimamos lo que podemos lograr en un año, pero subestimamos lo que Dios puede hacer en una década.

He escrito una docena de libros en la última década, pero *Con un león en medio de un foso* siempre será mi primogénito. Es más que un libro para mí. Es el mensaje de mi vida, el lema de mi vida: *Persigue al león*.

Desde el lanzamiento del libro hace una década, Dios ha levantado una generación de cazadores de leones que están agarrando la vida por la melena. Cazadores de leones que tienen más miedo de perder oportunidades ordenadas por Dios que cometer algunos errores en el camino. Saben que cuando fallan en salir con fe y perseguir a los leones, a Dios se le roba la gloria que legítimamente le pertenece.

¡Sin agallas no hay gloria!

Una sorpresa divertida con el libro *Con un león en medio de un foso* ha sido el rango de edad de sus lectores. Inicialmente pensé que atraería a los más jóvenes, y fue así. Pero algunas de mis historias favoritas han venido de cazadores de leones que están comenzando nuevas carreras en sus sesenta, mudándose a una misión en el extranjero en sus setenta o escribiendo libros en sus ochenta. Simplemente porque ya pasaste la edad de jubilación, no significa que hayas pasado tu mejor momento. Nunca es demasiado tarde para convertirte en lo que siempre has soñado ser.

Desde la publicación inicial del libro, Dios ha hecho muchísimo más que todo lo que podría preguntar o imaginar en mi vida. La iglesia que tengo el privilegio de dirigir, National Community Church (NCC), ha crecido a ocho recintos. Abrimos nuestro D.C. Dream Center este año. Ebenezers Coffeehouse ha atendido a más de un millón de clientes y ha recibido más de un millón de dólares de sus ganancias netas a causas del reino. Nosotros, incluso, abrimos un café primo en Berlín, Alemania. Y lo mejor está por venir.

Cuando Dios responde una oración o cumple un sueño, tú lo administras pronunciando oraciones más audaces y soñando sueños más grandes. En otras palabras, persigues incluso leones más grandes. Vas tras un sueño destinado a fallar si no hay intervención divina.

Debo decir que he experimentado algunas decepciones también. Empecé un negocio que se vino abajo. Lo que pensé que sería un milagro de dos millones de dólares nos costó un centavo. Pero como mi primer intento de plantar iglesias, que fracasó, lo haría todo de nuevo. Soñar en grande te permite fracasar.

A veces me preguntan: "Si tuviera que hacerlo todo de nuevo, ¿qué haría diferente?" La respuesta franca es: "No mucho". Ciertamente arriesgaría más, oraría más y estudiaría más. Y le daría una mayor prioridad a las relaciones. Pero no trataría de evitar los fracasos, porque me han enseñado algunas lecciones invaluables. Tengo algunas cicatrices hechas por leones que he perseguido, pero las uso como una insignia de honor.

Leer lo que escribí hace diez años es un salto en el tiempo, pero ahora creo más que nunca lo que escribí. Es por eso que he escrito una secuela, *Persigue tu león*. Comienza donde dejé a *Con un león en medio de un foso*. Aunque mis circunstancias son muy diferentes una década más tarde, no mucho ha cambiado. Las mejores oportunidades siguen siendo los leones más temibles. Las probabilidades imposibles preparan el escenario para milagros asombrosos. Y para el Infinito, todos los finitos son iguales.

¿Qué pasa si la vida que realmente quieres y el futuro que Dios quiere para ti se están ocultando en este momento en tu mayor problema, tu peor falla, tu mayor temor? Vive tu vida de una manera que valga la pena contarla.

¡Persigue tu león!

¡Ese es tu destino!

Capítulo 1

Mira fijamente a los ojos a tu león

Eres responsable para siempre de
aquello que hayas domesticado.

Antoine de Saint-Exupéry

En las Escrituras hay un oscuro pasaje que dudo que haya habido algún maestro de Escuela Dominical que les haya asignado a sus alumnos como texto para aprender de memoria. Tampoco oí hacer exégesis ninguna de él en las clases de teología sistemática que recibí en el seminario. No tiene relación en absoluto con ninguna de las doctrinas bíblicas principales. Es posible que lo hayas leído unas cuantas veces en algún plan para leer la Biblia en un año, pero también es probable que ni siquiera se haya convertido en un puntito dentro de la pantalla de tu radar.

Enterrado en el segundo libro de Samuel, en el Antiguo Testamento, en el capítulo veintitrés y los versículos veinte y veintiuno, se encuentra uno de los pasajes más inconcebibles e inspiradores de las Escrituras:

«Después, Benaía hijo de Joiada, hijo de un varón esforzado, grande en proezas, de Cabseel. Este mató a dos leones de Moab; y él mismo descendió y mató a un león en medio de un foso cuando estaba nevando.

También mató él a un egipcio, hombre de gran estatura; y
tenía el egipcio una lanza en su mano, pero descendió contra
él con un palo, y arrebató al egipcio la lanza de la mano, y lo
mató con su propia lanza» (RVR1960).

Es fácil leer versículos como estos en la comodidad de nuestro hogar
u oficina, y al mismo tiempo ignorar por completo el significado de los
monumentales actos valerosos exhibidos por Benaía. ¿Has conocido a
alguien u oído hablar de alguien que haya perseguido a un león? Claro; en
el circo de Barnum & Bailey tienen domadores de leones. Pero ¿cazadores
de leones? Benaía no tenía rifle de caza, ni tampoco conducía un auto
todoterreno. Y aquello no fue ningún safari en un parque de caza.

Las Escrituras no nos dicen lo que estaba haciendo Benaía, o dónde
estaba cuando se encontró con ese león. No conocemos a qué hora del
día sucedió eso, ni lo que pensaba Benaía. Sin embargo, las Escrituras
revelan su reacción instintiva. Y demostró que tenía agallas. Es una de
las reacciones más improbables de las que han recogido las Escrituras.
Por lo general, cuando la imagen de un animal carnívoro viaja a través
del nervio óptico y se registra en la corteza visual, el cerebro lanza un
mensaje urgente y general: *¡Huye!*

La gente normal le huye a los leones. Huye tan lejos y tan rápido
como pueda. En cambio, los cazadores de leones parecen tener un sistema con conexiones distintas.

En cuanto a la mayoría de nosotros, los únicos leones con los que
nos hemos topado han estado encerrados en una jaula. Pocos de nosotros hemos tenido un combate frente a frente que nos haya obligado
a luchar por conservar la vida. Pero trata de ponerte en los zapatos de
Benaía.

Por el rabillo de un ojo, Benaía ve algo que se arrastra. Yo no sé a
qué distancia se encuentra el león —y es probable que su visión esté
oscurecida por la nieve que está cayendo y su propio aliento que se
congela—, pero hay un momento en el cual Benaía y el león se miran
fijamente. Sus pupilas se dilatan. Sus músculos se tensan. La adrenalina corre con fuerza.

¡Qué momento para Hollywood! Imagínate que lo vieras en la pantalla del cine, con sonido ambiental de alta tecnología. Los nudillos se te emblanquecen al aferrarte a los brazos del asiento del cine. Te sube con rapidez la presión sanguínea. Y todos los asistentes esperan el desenlace. Los encuentros con leones tienden a tener guiones parecidos. El hombre huye como un gato asustado. El león lo persigue. Y el rey de las bestias se almuerza un sándwich humano.

Sin embargo, ¡esta vez no es así! Sucede algo tan improbable como caer hacia arriba, o que el segundero de tu reloj comience a girar en contra de las demás agujas. El león da media vuelta y es Benaía el que lo persigue.

La cámara filma la persecución a nivel del suelo.

Los leones pueden correr hasta unos cincuenta y cinco kilómetros por hora, y saltar entre nueve y diez metros de una sola vez. Benaía no tiene oportunidad alguna de salvarse, pero eso no impide que persiga a la fiera. Entonces el león da un paso en falso que le resulta crítico. El suelo cede bajo los casi doscientos treinta kilos de su cuerpo y cae por un profundo terraplén hasta un foso lleno de nieve. Dicho sea de paso, estoy seguro de que el león cayó de pie. Al fin y al cabo, los leones pertenecen al género de los felinos, es otro gato.

En este momento ya no hay nadie que esté comiendo palomitas de maíz. Todos los ojos están fijos en la pantalla. Es el momento de la verdad; Benaía se acerca al foso.

Casi como quien camina sobre una capa delgada de hielo, Benaía mide cada paso que da. Se acerca poco a poco al borde y mira hacia dentro del foso. Unos amenazantes ojos amarillentos le devuelven la mirada. Todo el público está pensando lo mismo: *¡Ni se te ocurra pensarlo!*

Has pasado alguna vez por uno de esos momentos en los que haces algo insensato y después te preguntas: *Pero, ¿qué estaba pensando?* Este tiene que haber sido para Benaía uno de esos momentos. ¿Quién que no esté loco se dedica a perseguir leones? Pero Benaía dispone ahora de un momento para poner en orden sus pensamientos, recuperar su cordura y contemplar la realidad. Y la realidad es esta: *La gente normal no persigue leones.*

Así que Benaía se da media vuelta y se aleja. El público deja escapar un suspiro de alivio. Pero Benaía no se está marchando de allí. Está tomando impulso para correr. Del público surge un ahogado grito común mientras Benaía corre hacia el foso y vuela en un salto de fe.

El lente de la cámara se expande.

Ves dos grupos de huellas que llevan hasta el borde del foso. Uno de ellos está formado por huellas de pies. El otro por huellas de zarpas. Benaía y el león desaparecen en la oscuridad del foso. Se oscurece la pantalla para que se pueda seguir clasificando la película como apta para mayores de trece años. Y durante unos críticos instantes, los asistentes solo pueden escuchar el tenebroso fondo musical. En la caverna del foso se oye el eco de un rugido ensordecedor. Un ensordecedor grito de batalla hiela la sangre y perfora el alma.

Después, un silencio mortal.

La película se detiene.

Todos los que están en el cine esperan ver un león sacudiendo su melena y saltando fuera del foso. Pero después de unos pocos agonizantes momentos de suspenso, la sombra de un ser humano aparece en la pantalla cuando Benaía sale del foso. La sangre de sus heridas gotea sobre la nieve recién caída. Tiene el rostro y el brazo que lleva la lanza llenos de marcas de garras. Pero Benaía gana una de las victorias más improbables que recogen las páginas de las Escrituras.

UN DÍA TERRIBLE, HORRIBLE, MUY MALO, EN EL QUE NO PASA NADA BUENO

Desde el mismo principio, permíteme expresarte una de mis convicciones básicas: Dios se dedica a colocarnos de maneras estratégicas en el lugar correcto y el momento oportuno. Nuestro derecho de nacimiento como seguidores de Cristo es tener una sensación de destino. Dios es maravillosamente bueno para hacer que lleguemos donde Él quiere que vayamos. Pero aquí está el problema: Con mucha frecuencia, el lugar correcto nos parece el que *no debería* ser, y el momento correcto nos suele parecer un momento *inoportuno*.

¿Acaso puedo subestimar lo que es obvio?

Lo normal es que encontrarse con un león en un lugar remoto sea un mal asunto. ¡Algo realmente malo! Encontrarse en un foso con un león en un día de nevada es algo que por lo general se califica como un día terrible, horrible, que no tiene nada de bueno; un día en verdad malo. Por lo común, esa combinación de circunstancias solo puede significar una cosa: *muerte*.

No creo que a nadie se le hubiera ocurrido apostar a favor de que Benaía ganaría aquella pelea; probablemente ni al más arriesgado de los jugadores. Tendría que quedar como el pobre infeliz que apuesta cien a uno. Y la nevada que caía en el día del encuentro no favorecía para nada sus posibilidades.

Las Escrituras no nos dan una descripción detallada de lo que sucedió en aquel foso. Todo lo que sabemos es que, cuando se asentó la nieve, el león estaba muerto y Benaía estaba vivo. Quedaron solo un conjunto de huellas de zarpas, pero había también dos conjuntos de huellas de pies humanos, uno hacia el foso y otro saliendo de él.

Pasemos ahora dos versículos más adelante y veamos lo que sucede en la siguiente escena.

En 2 Samuel 23:23 dice:

«David lo puso al mando de su guardia personal». Se está refiriendo a Benaía.

No me vienen a la mente demasiados lugares donde preferiría *no* estar, que en un foso con un león y en un día en que esté nevando. ¿Se te ocurre alguno a ti? No creo que estar metido en un foso con un león en un día nevado sea algo que se encuentre en la *lista de deseos* de nadie. Es lo mismo que tener *ganas de morir*. Pero tenemos que admitir algo: ¡«Maté a un león dentro de un foso en un día en que estaba nevando» es algo que en verdad impresiona en tu currículum, si le estás pidiendo un puesto de guardaespaldas al rey de Israel!

¿Me estoy explicando?

Me puedo imaginar a David revisando los currículums que le han presentado. «Me especialicé en seguridad en la Universidad de Jerusalén». Noooo. «Hice mis prácticas con la Guardia Palaciega». Nada de eso. «Trabajé para la compañía Brink, de carruajes blindados». Gracias, pero no me interesa.

Entonces, David llega hasta el último currículum del montón. «Maté a un león dentro de un foso en un día en que estaba nevando». David no se molestó ni siquiera en ver quiénes eran los que lo recomendaban. Esa es la clase de persona que quieres a cargo de tu grupo de guardaespaldas. Los cazadores de leones son formidables para acabar con los camorreros.

Ahora, alejemos la cámara de manera que veamos esta historia a través de una lente más amplia.

La mayoría de la gente habría visto al león como un problema de doscientos y tantos kilos, pero Benaía no. La mayor parte de la gente consideraría como mala suerte encontrarse en un foso con un león, y en un día en que está nevando. Ahora bien, ¿puedes ver cómo Dios convirtió lo que se habría podido considerar como un momento de *mala suerte*, en un momento *fabuloso*? Benaía había conseguido una entrevista de trabajo con el rey de Israel.

Estoy seguro de que el puesto de guardaespaldas era lo último en que pensaba Benaía cuando se encontró con el león, pero no solo estaba persiguiendo al león. También estaba persiguiendo un puesto en el gobierno de David.

Esto es lo que te quiero decir: Dios se dedica a crear curricula. Él siempre está usando las experiencias del pasado con el fin de prepararnos para las oportunidades del futuro. Pero esas oportunidades que Dios nos da, vienen disfrazadas muchas veces de leones comedores de hombres. Y nuestra forma de reaccionar cuando nos encontremos con esos leones determinará nuestro destino. Podemos retroceder llenos de miedo y huir de nuestros mayores desafíos, o podemos perseguir el destino que Dios tiene dispuesto para nosotros, aprovechando la oportunidad que nos pone al frente.

Cuando reflexiono en mi propio pasado, reconozco esta sencilla verdad: Las mayores oportunidades han sido los leones más aterradores. Dentro de mí, había algo que quería ir a lo seguro, pero he aprendido que no correr riesgos es el mayor de todos los riesgos. Renunciar a una beca total en la Universidad de Chicago para transferir mis estudios a un pequeño Colegio Bíblico fue correr un gran riesgo. Pedirle a Lora, hoy mi esposa, que se casara conmigo, fue también otro gran riesgo. (Por supuesto, no fue un riesgo tan grande como el que Lora me contestara con un sí.) Empacar todas nuestras pertenencias en esta tierra en un camión con un remolque de cuatro metros y medio y mudarnos para Washington D.C. sin un lugar determinado dónde vivir, ni un sueldo garantizado, fue un inmenso riesgo. Cada uno de nuestros tres hijos ha sido un gran riesgo. Dedicarnos sin más a fundar una iglesia sin experiencia pastoral alguna, fue un gran riesgo, tanto para nosotros como para la iglesia.

Pero cuando lo miro todo por el espejo retrovisor, me doy cuenta de que los riesgos más grandes han sido mis mayores oportunidades. Algunas de esas decisiones que nos cambiaron la vida nos hicieron pasar noches enteras sin dormir. Los pasos de fe venían acompañados por un agudo temor que me causaba náuseas. Experimentamos ciertas dificultades económicas que exigieron que Dios nos proveyera de manera milagrosa. Y unas cuantas veces tuvimos que levantarnos y sacudirnos el polvo después de haber caído de bruces en el suelo.

Sin embargo, esos eran los momentos en los que me sentía vivo. Eran los momentos en los que Dios preparaba el escenario. Eran los momentos que iban cambiando la trayectoria de mi vida.

SIN AGALLAS, NO HAY GLORIA

En su libro *If Only* [Si solo],[1] el Dr. Neal Roese hace una fascinante distinción entre dos modalidades de lamento: lamentarse por haber actuado y lamentarse por no haber actuado. Lamentarse por haber actuado es «desear no haber hecho algo». En términos teológicos, a esto se le llama *pecado de comisión*. Lamentarse por no haber actuado es «desear haber hecho algo que no hicimos». En términos teológicos, es un *pecado de omisión*.

Me da la impresión de que la iglesia ha fijado su atención durante demasiado tiempo en los pecados de comisión. Tenemos una larga lista de cosas que *no debemos hacer*. Piensa en ello como una santidad a base de resta. Pensamos que la santidad es el producto secundario de la sustracción de nuestra vida de algo que no debería estar en ella. Y es cierto que la santidad implica una resta. Pero me parece que a Dios le preocupan más los pecados de omisión; aquellas cosas que habríamos podido y debido hacer. Esta es la santidad por multiplicación. La bondad no es la ausencia de maldad. Hay quienes no hacen nada malo, pero aun así, tampoco hacen nada bueno. Los que se limitan a huir del pecado son cristianos a medias. Nuestro llamado es mucho más elevado que el simple huir de lo que no es correcto. Hemos sido llamados a perseguir leones.

Hay un viejo aforismo que dice: «Sin agallas, no hay gloria». Cuando no tenemos las agallas necesarias para dar el paso de fe y salir a perseguir leones, entonces le estamos robando a Dios la gloria que por derecho le pertenece.

¿Hay alguien más que se sienta cansado de un cristianismo reactivo, más conocido por las cosas a las que se opone, que por las cosas que propone? Nos hemos puesto excesivamente a la defensiva. Nos hemos vuelto demasiado pasivos. Los cazadores de leones son gente emprendedora. Saben que ir siempre a lo seguro constituye un riesgo. Los cazadores de leones siempre están alerta, en espera de que aparezcan las oportunidades que Dios pone en su camino.

Tal vez hayamos medido la madurez espiritual de una manera equivocada. Tal vez seguir a Cristo no deba ser algo tan *seguro*, o tan *civilizado*, como nos han hecho pensar. Tal vez Cristo fuera más *peligroso* e *incivilizado* que como lo presentan nuestros franelógrafos de la Escuela Dominical.

En este libro te voy a presentar a unos cuantos cazadores de leones que conozco. Gente como John, un abogado de Georgetown que suspendió su práctica legal para hacer una película documental acerca del tráfico con seres humanos en Uganda. O Kurt, profesor vitalicio que renunció a su cátedra para perseguir un sueño «punto-com». O Natalie, una graduada universitaria que se mudó al otro extremo del mundo para enseñar inglés en las Islas Marshall. O Sarah, miembro de National Community Church que siguió el llamado de Dios e hizo un viaje misionero a Etiopía, a pesar de sus numerosos temores. O Lee, que no solo renunció a su puesto de nivel ejecutivo en Microsoft, sino que perdió el derecho a todas sus opciones con las acciones de la compañía para ir a fundar una iglesia. O Greg, un neófito político que decidió lanzarse a la pelea y aspirar a un asiento en el Congreso.

La mayoría de nosotros aplaudimos a los cazadores de leones desde las orillas del camino. ¡Muy bien hecho! Nos inspiran las personas que se enfrentan a sus temores y persiguen sus sueños. Pero no nos damos cuenta de que ellos no son diferentes de nosotros.

Los cazadores de leones que te encontrarás en este libro son personas comunes y corrientes. Se han puesto los pantalones, primero en una pierna y después en la otra, como todos los demás. La mayoría de ellos tenían un susto mortal cuando compraron el billete de avión o presentaron su renuncia. La comparación entre los pros y los contras les produjo unas cuantas úlceras por el camino. Y a veces dio la impresión de que eran *ellos* los que habían sido arrinconados por el león en aquel foso lleno de nieve.

Quisiera poder decirte que todas las veces que alguien persigue a un león termina con una piel de león colgada en una pared, pero eso no es cierto. El soñador del «punto-com» está teniendo un éxito mucho mayor que cuanto se habría podido imaginar jamás, pero el de las aspiraciones políticas perdió en las elecciones. Sin embargo, en mi libro ambos son cazadores de leones. Lo que hace de los cazadores de leones una raza aparte no es el resultado de sus esfuerzos. Es la valentía de perseguir unos sueños que tienen el tamaño de Dios. Los cazadores de leones no permiten que sus temores o dudas les impidan hacer lo que Dios los ha llamado a hacer.

UNA GUÍA DE SUPERVIVENCIA PARA
CAZADORES DE LEONES

Tengo una definición muy sencilla de lo que es el éxito: Haz lo mejor que puedas con lo que tienes allí donde estás. En esencia, el éxito consiste en aprovechar al máximo todas las oportunidades. La madurez espiritual consiste en *ver y aprovechar las oportunidades que Dios nos pone por delante*. Piensa en cada oportunidad como un regalo que Dios te está haciendo. Lo que hagas con esas oportunidades, es lo que tú le regalas a Dios. Estoy totalmente convencido de que las cosas de las que más nos lamentaremos en la vida serán las oportunidades perdidas.

A fin de cuentas, *el éxito equivale a la mayordomía, y la mayordomía equivale al éxito*. Pero nuestro concepto de la mayordomía es excesivamente limitado. Por supuesto, la forma en que manejamos nuestro tiempo, talentos y tesoro es una inmensa cuestión de mayordomía. Ahora bien, ¿dónde dejamos el ser buenos administradores de nuestra imaginación? ¿O de nuestra corteza prefrontal ventral media (el asiento del humor, según los neurólogos)? ¿O qué me dices de la mayordomía de nuestros impulsos sexuales y nuestras tendencias competitivas? La mayordomía lo incluye todo. Tenemos que ser buenos mayordomos de cada segundo de tiempo y cada chispa de energía. Pero en el primer lugar de la lista de mayordomía se encuentra lo que yo llamaría *mayordomía de las oportunidades*.

Cuando tu camino se cruce con el de un león, ¿vas a salir huyendo como un gato asustado o vas a agarrar a la vida por la melena?

Los cazadores de leones agarran a la vida por la melena.

Benaía tuvo después una brillante carrera militar. De hecho, fue ascendiendo hasta lo más alto de la cadena de mando y se convirtió en el comandante en jefe del ejército de Israel. Pero todo comenzó con algo que muchos considerarían como estar en el lugar en que no debía y en el momento menos oportuno. La genealogía de sus éxitos se puede ir recorriendo paso a paso hasta un encuentro de vida o muerte con un león carnicero. Se trataba de pelear o huir. Benaía se tuvo que enfrentar a una decisión que decidiría su destino: salir huyendo o perseguir.

No es mucho lo que han cambiado las cosas en los últimos tres mil años. Dudo seriamente que haya algún lector de este libro que se encuentre alguna vez en un foso con un león en un día en que esté nevando. Ninguno de nosotros perdemos el sueño por las noches pensando en lo que haríamos si nos topáramos con un león. En un sentido estrictamente literal, ¿te puedes imaginar un tema central más irrelevante para un libro? En cambio, en un sentido figurado, no me puedo imaginar nada más vinculado a lo que quiero decir.

No pretendo conocer las circunstancias únicas que tienes en tu vida, pero supongo que ya te has tenido que encontrar con unos cuantos leones, has caído en algunos fosos y tenido que soportar unos cuantos días nevados. Tal vez se trate de un sueño del tamaño de Dios que te aterra hasta aturdirte. Puede que sea un mal hábito o una mala decisión que cause que te encuentres en el fondo de un foso. O quizá una nube de dudas sobre ti mismo que arroje una oscura sombra sobre tu futuro.

Considera *Con un león en medio de un foso* como una guía de supervivencia para cazadores de leones. Cuando te amarres las sandalias de Benaía y desenvaines su espada, aprenderás *siete destrezas* que te ayudarán a escalar los fosos más resbalosos hasta salir de ellos, y perseguir a los leones más grandes.

Algunas de esas destrezas serán muy naturales para ciertos tipos de personalidad. Si eres optimista por naturaleza, *superar las adversidades* te será más fácil. Si te inclinas hacia el extremo pesimista del espectro, vas a necesitar actuar con mayor deliberación.

Varias de esas destrezas te van a parecer muy poco naturales, como escribir con la izquierda si eres diestro, o con la derecha si eres zurdo, o bien descender de un despeñadero con una cuerda haciendo rapel por vez primera. *Desaprender tus temores y aceptar las incertidumbres* son dos cosas que exigen una manera de ver la vida que va contra nuestra intuición. Pero al igual que le pasó a Benaía, el valor necesario para nadar contra corriente te ayudará a llegar donde Dios quiere que vayas.

Hay destrezas, como la de *calcular los riesgos* o la de *aprovechar las oportunidades*, que son cuestión de desarrollo y creación de hábitos. Son casi como las capacidades atléticas innatas o la destreza musical, que se tienen, pero es la práctica la que las lleva a la perfección. Mientras más riesgos corras, más fácil te será arriesgarte. Aprovechar las oportunidades es algo que se convierte en una segunda naturaleza. *Desafiar las probabilidades* y *parecer tonto* se convertirán en tus maneras normales de actuar.

Yo no sé dónde estás, tanto en el sentido geográfico como en el demográfico. Tampoco estoy seguro de cómo te va emocional, física y espiritualmente, así como en tus relaciones. Pero estas destrezas te van a ayudar a llegar donde Dios quiere que vayas, cualquiera que sea tu punto de partida. Los principios que presenta este libro no son solo una especie de guion sacado de las Escrituras. Tienen la capacidad de escribir de nuevo la historia de tu vida. Todo lo que necesitas hacer es volver la página y comenzar un nuevo capítulo.

Revisión del capítulo 1

Puntos a recordar

- Dios está dedicado a ubicarnos de manera estratégica en el lugar correcto y en el momento oportuno. Pero el lugar correcto nos parece muchas veces el *incorrecto*, y el momento oportuno con frecuencia nos parece el *menos apropiado*.

- La bondad no es la ausencia de maldad. Hay quienes no hacen nada malo, pero aun así, tampoco hacen nada bueno. Nuestro llamado es mucho más elevado que el simple huir de lo que no es correcto. Hemos sido llamados a perseguir leones; a buscar oportunidades dentro de nuestros problemas y obstáculos, y a arriesgarnos para alcanzar lo mejor de cuanto Dios tiene para nosotros.

- Cuando no tenemos las agallas para dar el paso de fe y perseguir leones, entonces le estamos robando a Dios la gloria que le pertenece por derecho.

- La madurez espiritual consiste en ver y aprovechar las oportunidades que Dios nos pone delante.

Comienza la caza

A partir de lo que has leído hasta este momento, ¿cuáles son las destrezas para cazar leones que piensas que serían más difíciles de llegar a dominar?

¿Desafiar las probabilidades?

¿Enfrentarte a tus temores?

¿Poner tus problemas dentro de un marco nuevo?

¿Aceptar las incertidumbres?

¿Correr riesgos?

¿Aprovechar las oportunidades?

¿Parecer tonto?

CAPÍTULO 2

LO RARO DE LAS PROBABILIDADES

¡Cuánto más feliz serías, cuánto más serías tú
mismo, si el martillo de un Dios más alto pudiera
hacer añicos tu pequeño cosmos!

G. K. CHESTERTON

No estoy seguro de la clase de apuestas que habrían hecho los tahúres de Jerusalén sobre los tres incidentes que aparecen registrados en 2 Samuel 23, pero sí sé esto: Benaía *no era* el favorito en cuanto a las probabilidades que tenía de ganar.

Benaía debió haber sido el perdedor seguro dos a uno cuando peleó con dos de los guerreros más poderosos de Moab. No se trataba de un simple encuentro de lucha cuerpo a cuerpo. Benaía tuvo que enfrentarse a un equipo de dos contrincantes.

Me imagino que el gigante egipcio fuera el favorito, por lo menos diez a uno. Para comenzar, Benaía tenía un palo en la mano, mientras que el egipcio tenía una lanza del tamaño de un rodillo de telar. Si yo tuviera que apostar por un palo o por un rodillo, pondría mi dinero siempre a favor de aquella lanza afilada y puntiaguda. Pero la ventaja del arma solo forma parte de lo disparejo que era aquella situación. Según las Escrituras, el egipcio medía como dos metros y medio de altura. En el mundo del boxeo, lo que diga la cinta de medir es uno de los principales factores en cuanto a quién es el favorito como posible ganador de la pelea. El peleador con unos brazos más largos tiene una notable ventaja sobre un boxeador más pequeño que él. Dada su altura, me imagino que el egipcio tendría una ventaja de alcance de entre medio metro y sesenta centímetros. Añádele a esto la ventaja del arma y la de su tamaño, y lo que tienes es un encuentro muy desigual, del tamaño del que tuvo David con Goliat. Me gustaría poder ver una repetición del momento en que Benaía le arrancó de las manos la lanza al gigante egipcio. ¿Cómo se las arreglaría para acercársele lo suficiente y arrebatársela?

Y después de aquello, el colosal encuentro con un león en un foso y en un día que estaba nevando. Las Escrituras guardan silencio sobre si Benaía tenía o no arma alguna. Pero aunque la tuviera, no se trataba de un rifle de caza. Aquello fue un combate cuerpo a cuerpo. Y una vez más, la desventaja física de Benaía era muy grande. Un león macho totalmente crecido pesa centenares de kilos más, corre a muchos kilómetros más por hora y salta mucho más lejos que cualquier hombre. Sus mandíbulas son lo suficientemente poderosas para atravesar los huesos del cráneo, y usa sus dientes caninos para desgarrar la piel de los animales. Y si consideramos el hecho de que los leones cazan de todo, desde ñus hasta jirafas, Benaía era una caza menor. No era más que un pequeño aperitivo antes del plato principal. Pero junto con las desventajas físicas, tenemos que agregar los factores topográficos y meteorológicos. Decididamente, yo le daría al león la ventaja de hallarse en su propio terreno. Un foso es dominio para un león. La visión del león es cinco veces mejor que la de un ser humano que tenga la vista en perfecto estado, lo cual le da al león una ventaja importante dentro de un foso mal iluminado. Y ciertamente, un león con patas firmes y reflejos de felino tiene todas las de ganar en unas condiciones resbalosas y llenas de nieve. Suma todo esto, y Benaía tenía una posibilidad a su favor y cien en contra.

No obstante, Benaía hizo lo que hacen los que persiguen leones. Desafió las probabilidades. No se centró en sus desventajas. No inventó excusas. No trató de evitar situaciones en las cuales las probabilidades estaban en su contra. Los que persiguen leones saben que Dios es más grande y poderoso que cuanto problema se les enfrente en este mundo. Prosperan en las circunstancias más duras porque saben que los imposibles crean el escenario para unos milagros asombrosos. Así es como Dios revela su gloria, y como nos bendice de maneras que nunca nos habríamos podido imaginar.

LAS IMPOSIBILIDADES

Hay un esquema que veo repetirse a todo lo largo de las Escrituras: Algunas veces Dios no interviene hasta que algo se vuelve humanamente imposible. Y suele hacerlo en el momento preciso. Me da la impresión de que ese esquema revela una de las dimensiones de la personalidad de Dios: le encantan las imposibilidades. Y lo comprendo a la perfección.

Una de las cosas más emocionantes que hay en el mundo es hacer algo que nadie cree que uno pueda hacer. Cuando yo era muchacho, lo convertía todo en un desafío. No importaba si íbamos en el auto, paseábamos en bicicleta o cenábamos. ¿Creen ustedes que yo pueda sostener la respiración mientras recorremos todo el túnel? ¿Creen ustedes que pueda ir con una sola rueda hasta el final de la cuadra? ¿Les parece que me pueda comer un helado del tamaño del fregadero en medio minuto?

Si alguien decía que sí, ni me molestaba en intentarlo. ¿Para qué hacer algo que alguien ya piensa que eres capaz de hacer? Así que subía la apuesta o ponía las cosas más difíciles, hasta que nadie creía que aquello fuera posible. Entonces intentaba lo imposible. ¿Hay algo más emocionante que hacer lo que nadie piensa que puedes hacer?

Tal vez sea por esa razón que Dios algunas veces nos invita a desafiar las imposibilidades. Tal vez sea una manera de manifestarnos su omnipotencia. Tal vez Dios permita que todo parezca estar en contra nuestra para que Él pueda revelar más su gloria.

Creo que eso es lo que explica la estrategia militar contraria a toda intuición que aparece en Jueces 6 y 7. El ejército de Gedeón, formado por treinta y dos mil hombres, es ampliamente superado en número por el de los madianitas. Ya tienen todas las de perder cuando el Señor le da a Gedeón una orden que va contra toda intuición: «Tienes demasiada gente para que yo entregue a Madián en sus manos».

¿Qué? Si yo fuera Gedeón, estaría pensando que Dios se había equivocado al hablar. *Dijiste «demasiada gente», pero me parece que en realidad querías decir «muy poca gente».*

Pero Dios le dice a Gedeón que despida a todos los que tengan temor, y Gedeón pierde las dos terceras partes de su ejército. Ahora el número de guerreros ha descendido a diez mil hombres, y los encargados de las apuestas ajustan el grado de imposibilidad al que se enfrentan los futuros perdedores.

Entonces el Señor lo dice de nuevo: «Todavía hay demasiada gente».

Gedeón habría preferido que Dios decretara un reclutamiento obligatorio, pero Dios inventa una prueba para desprenderse de más soldados de a pie todavía. El ejército de Gedeón va a beber agua al río, y Dios le ordena que envíe a sus casas a los hombres que no beban lamiendo el agua como los perros. Esto deja a Gedeón con un «ejército» de trescientos hombres.

Las probabilidades deben haber sido una contra un millón en aquel momento. ¡Pero las cosas se ponen mejores aún! Dios le dice a Gedeón que ataque a los madianitas con trompetas y cántaros. ¡Estás bromeando! ¿Qué clase de plan de batalla es ese?

Y aquí viene la sorpresa: ¡Gana Israel!

Entonces, ¿por qué hace Dios las cosas de esa manera?

«Tienes demasiada gente para que yo entregue a Madián en sus manos. A fin de que Israel no vaya a jactarse contra mí y diga que su propia fortaleza lo ha librado...»

Si Gedeón hubiera atacado con treinta y dos mil hombres y ganado, estoy totalmente seguro de que los israelitas le habrían dado gracias a Dios *por ayudarlos*, y Dios habría recibido un crédito parcial por la victoria. Pero eso no es lo que Dios quiere, o se merece. Dios quiere y se merece todo el crédito. Y cuando trescientos hombres derrotan a un gran ejército armados de trompetas y cántaros, Dios es el que recibe toda la gloria. ¿Por qué? Porque una victoria como esa es contraria a todas las probabilidades.

Esto sé con toda seguridad: Benaía sabía a quién alabar después de derrotar a los moabitas. Después de derrotar al gigante egipcio, todo su reconocimiento fue para Dios. Y debe haber tenido su propio avivamiento en aquel foso lleno de nieve después de matar al león.

Con demasiada frecuencia, nuestras oraciones giran alrededor de pedirle a Dios que reduzca las probabilidades de nuestra vida que están en contra nuestra. Pero tal vez lo que Él quiera hacer sea acumular esas probabilidades adversas para que nosotros podamos experimentar un milagro de proporciones divinas. Tal vez la fe consista en confiar en Dios, sin que nos importe lo imposible que parezca la situación. Tal vez nuestras situaciones imposibles sean oportunidades para experimentar una nueva dimensión de la gloria de Dios.

UN DIOS DE CUATRO DIMENSIONES

Este es el error que la mayor parte de nosotros cometemos cuando de Dios se trata: Pensamos en Él en función de cuatro dimensiones. Y sin embargo, Dios es omnidimensional.

Hace algunos años estuve en la Casa Blanca para visitar los jardines; nunca olvidaré el momento en que pasé junto a una mujer que parecía estar totalmente abrumada. Yo acababa de pasar por el puesto de seguridad para entrar y ella iba saliendo. La seguía un gran grupo de chicas adolescentes, y por la mirada que ella llevaba en el rostro, pude darme cuenta de que era su acompañante. Por la razón que fuera, cuando nos cruzamos en el camino, me dijo: «¡Es imposible mantener el control de setenta y nueve muchachitas!»

Sé lo que me quiso decir. ¡Si yo apenas puedo saber por dónde andan nuestros tres hijos cuando los llevamos a Chuck E. Cheese!

Y entonces, pienso en Dios.

¿Cómo se puede saber por dónde andan siete mil millones de personas al mismo tiempo? ¿Cómo se pueden procesar millones de peticiones de oración simultáneas, en especial las de los fanáticos de los equipos contrarios de fútbol en el domingo del Super Bowl, o las de los votantes que se hallan en los lados opuestos del pasillo político en el día de las elecciones?

Esto sí sé con toda seguridad: Es imposible hacerlo en cuatro dimensiones.

Yo estoy limitado a tres dimensiones espaciales, lo cual significa sencillamente que en un momento dado, solo puedo estar en un lugar. Y estoy limitado a una sola dimensión de tiempo, lo cual significa que estoy atascado en un momento del cual no me es posible salir. No puedo viajar al pasado ni al futuro porque, en una sola dimensión, el tiempo es lineal. En cambio Dios está en todo lugar y todo el tiempo.

«La tierra era un caos total, las tinieblas cubrían el abismo, y
el Espíritu de Dios iba y venía sobre la superficie de las aguas».

En el principio, el Espíritu de Dios se cernía sobre el caos. Y nada ha cambiado. Dios se sigue sosteniendo sobre el caos. La historia de la creación es un microcosmo de lo que Dios quiere hacer en tu vida. Él se cierne sobre las situaciones caóticas, listo para crear el orden y la belleza. Quiere llenar el vacío.

La palabra *sobre* que aparece en la frase «sobre la superficie de las aguas» traduce la palabra bidimensional hebrea *paniym*. En cuanto al tiempo, *paniym* se puede referir al segundo inmediatamente anterior a que suceda algo, y al segundo inmediatamente posterior a lo que haya sucedido. En cuanto al espacio, se puede referir al espacio que tenemos inmediatamente delante, o al que tenemos inmediatamente detrás.

En palabras del salmista:

«Tu protección me envuelve por completo; me cubres con la palma de tu mano».

Es casi como si Dios formara un paréntesis en el tiempo y otro paréntesis en el espacio que nos rodea. Él se cierne todo el tiempo y por todas partes a nuestro alrededor. Permíteme que te lo exprese en términos científicos. La cantidad de tiempo más breve que es posible es de 10^{-43} segundos. A esta cantidad de tiempo se le llama *tiempo de Planck* o *cronón*. Desde el punto de vista de la mecánica cuántica, se considera que representa la unidad mínima de tiempo que podría medirse; es decir, que por debajo de esta cantidad de tiempo no sería posible discernir si dos sucesos son simultáneos o no. La distancia más corta posible es de $1,6 \times 10^{-35}$ metros. Se la conoce como *longitud de Planck*. En el caso de cualquier distancia más corta que esta, la mecánica cuántica no podría distinguir entre aquí y allí.

Y aquí es donde entra Dios en escena. Él se halla en el espacio y el tiempo que, según la mecánica cuántica, no existen.

A nosotros, que somos seres humanos finitos, el tiempo y el espacio nos parecen infinitos, pero esto se debe a que estamos dentro mirando hacia fuera. Dios se halla fuera mirando hacia dentro. El tiempo y el espacio son una parte finita de su creación. Por eso, «para el Señor un día es como mil años, y mil años como un día». Dios nos rodea por completo todo el tiempo. Está delante, detrás, frente a nosotros y a nuestras espaldas. Dios no tiene limitaciones dimensionales, y si nosotros nos pudiéramos meter en la mente esta verdad, bastaría para transformar nuestra manera de ver la vida.

Las matemáticas se refieren a cada dimensión espacio-tiempo como «un grado de libertad». En términos muy simplistas, una dimensión es una de las maneras en las que nos podemos mover. Y el número de dimensiones determina lo que es posible para nosotros y lo que no. Mientras más dimensiones, más libertad. Se puede saltar sobre un muro tetradimensional en un espacio pentadimensional, o deshacer un nudo heptadimensional en un espacio octodimensional. Añade una dimensión de tiempo o de espacio, y se abrirá ante ti todo un universo de posibilidades.

Piénsalo en función de unos dibujos cómicos de periódico. En un sentido, los personajes de las tiras cómicas son prisioneros de dos dimensiones. Se pueden mover en sentido horizontal y vertical, pero no pueden escapar a la superficie bidimensional del papel. Están atascados en sus pequeños recuadros de la tira cómica. Ahora imagínate que un personaje de las tiras cómicas pudiera adquirir una tercera dimensión. El grado de libertad adicional lo capacitaría para saltar fuera de la página.

¿Acaso no es eso lo que hace la fe? Es posible que estemos infravalorando nuestra *libertad* en Cristo. Tal vez no sea solamente una libertad con respecto al pecado. Tal vez sea la libertad que necesitamos para hacer cosas extradimensionales.

La fe nos da la libertad dimensional de superar nuestras limitaciones humanas a base de salir del espacio-tiempo por la vía de la oración.

Un alto concepto de Dios

Según A. W. Tozer, lo más importante con respecto a una persona, es lo que le viene a la mente cuando piensa en Dios.

> La realidad más portentosa acerca de cualquier ser humano no es lo que haga o diga en un momento determinado, sino lo que concibe en lo más profundo de su corazón que es Dios…
>
> Cuando podemos obtener de cualquier hombre una respuesta completa a la pregunta: «¿Qué te viene a la mente cuando piensas acerca de Dios?», estaríamos en capacidad de predecir con certeza el futuro espiritual de ese hombre.[1]

Tu manera de pensar acerca de Dios determinará quién vas a llegar a ser. Tú no eres únicamente un producto secundario de la «naturaleza» y la «formación». Eres un producto secundario de la forma en que describes a Dios en tu mente. Y esa imagen interna de Dios determina la forma en que ves todas las demás cosas.

La mayoría de nuestros problemas no son circunstanciales. La mayoría de ellos tienen que ver con tu percepción de las cosas. Nuestros mayores problemas se pueden remontar a una comprensión inadecuada sobre quién es Dios. Nuestros problemas nos parecen realmente grandes, porque nuestro Dios nos parece realmente pequeño. De hecho, reducimos a Dios al tamaño de nuestros mayores problemas. Tozer dijo que «un bajo concepto de Dios... es la causa de un centenar de males menores». En cambio, la persona que tiene un alto concepto de Dios «se libera de diez mil problemas temporales».[2]

El tener un concepto pobre o elevado de Dios es lo que marca la diferencia entre los gatos asustados y los cazadores de leones. Los gatos asustados están llenos de miedo porque su Dios es muy pequeño. Los cazadores de leones saben que su mejor pensamiento acerca de Dios en el mejor de sus días se queda infinitamente corto, comparado con lo grandioso que es Dios en realidad.

«Porque mis pensamientos no son los de ustedes, ni sus caminos son los míos —*afirma el Señor*—. Mis caminos y mis pensamientos son más altos que los de ustedes; ¡más altos que los cielos sobre la tierra!».

Los astrónomos han logrado ver galaxias que se hallan a doce mil trescientos millones de años luz de la tierra. Para poner en su debida perspectiva esta distancia, piensa en el hecho de que a la luz, que se mueve a una velocidad de trescientos mil kilómetros por segundo, solo le toma ocho minutos para recorrer los ciento cincuenta millones de kilómetros que separan al sol del planeta tierra. La luz del sol solo tiene ocho minutos de nacida cuando llega a la tierra. En cambio, la luz procedente de la galaxia más remota de todas necesita doce mil trescientos millones de años para llegar hasta nosotros. ¡Esa distancia es prácticamente incomprensible! Y Dios dice que esa es la distancia que hay entre sus pensamientos y los nuestros. Tu mejor pensamiento acerca de Dios en el mejor de tus días se queda corto en doce mil trescientos millones de años luz con respecto a lo grandioso y bondadoso que es Dios en realidad. Es decir, que subestimamos la bondad y la grandeza de Dios, quedándonos cortos por lo menos en doce mil trescientos millones de años luz.

¿Sabes cuál es la tragedia más grande de la vida? Que el dios de alguien se vaya haciendo más pequeño con cada día que pase.

Tal vez sea hora de dejar de ponerle límites tetradimensionales a Dios. Tal vez sea hora de dejar de meter a Dios en una caja del tamaño de nuestra corteza cerebral. Tal vez sea hora de dejar de crear a Dios a nuestra imagen, y dejar que Él nos cree a la suya.

Mientras más crezcamos, mayor se debería volver Dios para nosotros. Y mientras mayor se vuelva Dios, más pequeños se volverán nuestros leones.

Planes de contingencia

Mucho antes de echar los cimientos de la tierra, Dios pensó en nosotros. Hace mucho, mucho tiempo, decidió adoptarnos como miembros de su familia. Dios lo pensó todo, y proveyó para todo lo que pudiéramos necesitar.

Traducción: Dios hizo planes para todas las contingencias que te puedas encontrar en toda tu vida, antes del comienzo de los tiempos.

Esa es una de las verdades más alucinantes de las Escrituras. Para nuestras mentes finitas, resulta imposible comprender la soberanía de Dios, pero permíteme ponerlo en términos de ajedrez.

En 1997, un equipo de ingenieros de la IBM diseñó y desarrolló la Deep Blue, la computadora que le ganó una partida de ajedrez al excelente maestro Garry Kasparov. Deep Blue estaba equipada con treinta y dos máquinas procesadoras que podían calcular doscientos millones de movidas de ajedrez por segundo.

No sé si a ti te ocurre, pero yo paso trabajo con esa cuestión de cincuenta y cincuenta. Verdadero o falso. Derecha o izquierda. Chocolate o vainilla. Ni siquiera soy capaz de imaginarme la contemplación de doscientos millones de contingencias en una fracción de segundo. Sin embargo, doscientos millones de contingencias son cosa de risa comparadas con el Omnisciente que tuvo en consideración todas las contingencias posibles antes que transcurriera ni siquiera un nanosegundo en el reloj del tiempo.

Piensa en tu vida como un juego de ajedrez. Tú eres el peón y Dios es el Gran Maestro. Tú no tienes ni idea de cuál debería ser tu próxima movida, pero Dios ya tiene planificados los próximos doscientos millones de movidas. Hay algunas de esas movidas suyas que no parecen tener sentido, pero eso solo se debe a que nosotros no podemos computar doscientos millones de contingencias al mismo tiempo. Solo podemos confiar en el Gran Maestro.

Cada vez que le doy consejería a alguien que está luchando por discernir la voluntad de Dios, le recuerdo esta sencilla verdad: Dios quiere que llegues donde Él quiere que vayas, más de lo que tú quieres llegar donde Él desea que vayas. Lee lo anterior de nuevo si lo necesitas. Debería aliviarte los dolores de cabeza que producen las tensiones. Si te mantienes al paso del Espíritu, Dios se va a asegurar de que llegues donde Él quiere que vayas. Él siempre está obrando tras bambalinas, maquinando nuestras circunstancias y preparándonos para el éxito.

«Porque somos hechura de Dios, creados en Cristo Jesús para buenas obras, las cuales Dios dispuso de antemano a fin de que las pongamos en práctica».

La palabra *dispuso* traduce un vocablo que se refiere a una costumbre antigua que consistía en enviar siervos por delante de un rey para asegurarse de que tuviera seguridad durante su viaje. Pero Dios lo vuelve todo al revés. El Rey de reyes es quien va por delante de sus siervos, y prepara el camino que *nosotros* tenemos aún por delante.

Ahora bien, aquí está el truco: Algunas veces su itinerario significa que nos encontremos cara a cara con un león en un foso y en un día de nieve. Sin embargo, cuando te encuentres en medio del desafío que significan esas circunstancias, es necesario que sepas que Dios es quien está ordenando tus pasos. Puedes tener sentido de tu propio destino porque sabes que Dios ha tenido en cuenta todas las contingencias de tu vida y siempre quiere lo mejor para ti. Y ese sentido de destino, que tiene sus raíces en la soberanía de Dios, te ayuda a orar por lo impensable e intentar lo imposible.

Para el Infinito,
todos los finitos somos iguales

En el capítulo 6 del Segundo Libro de los Reyes te encontrarás la que tal vez sea la oración más ridícula que aparece en las Escrituras. Un grupo de profetas están cortando árboles cerca del río Jordán y de pronto, a uno de ellos se le zafó la cabeza del hacha y cayó al río. El profeta que había perdido la cabeza del hacha le dijo a Eliseo: «¡Ay, maestro! —gritó—. ¡Esa hacha no era mía!»

Observa el tiempo que usa el verbo. Este aprendiz usa el verbo en pasado. En lo que a él concierne, la cabeza del hacha está perdida definitivamente. Esto me recuerda uno de los «pensamientos profundos» de Jack Handey: *Si se te caen las llaves en un río de lava derretida, ¡déjalas ir, hombre, porque ya no hay remedio!*

Si se te cae la cabeza del hacha en el río, ¡déjala ir, hombre, porque ya no hay remedio!

Aquel aprendiz consideraba definitiva su pérdida. No tenía esperanza alguna de que se pudiera recuperar aquella cabeza de hacha. A mí me parece que quería un poco de misericordia o de simpatía, pero no estaba esperando un milagro. Ni siquiera tenía una categoría para lo que estaba a punto de pasar, y hay una buena razón. Todo mineral cuya densidad sea superior a un gramo por centímetro cúbico, no flota. La densidad del hierro forjado es aproximadamente de 7,2 gramos por centímetro cúbico.

Traducción: Las cabezas de hacha no flotan.

¿O sí?

Solo hay una manera de averiguarlo: ¡Hacer una oración ridícula!

Ahora llega la parte de esta historia que a mí me encanta. Si yo hubiera sido Eliseo, me habría compadecido de aquel hombre que había perdido una cabeza de hacha prestada. Tal vez le prestara la mía. O lo llevaría en mi auto a la ferretería para que consiguiera una nueva. Pero ni siquiera me habría pasado por la mente orar para que la cabeza de hacha flotara. Al contrario, nos damos cuenta de que algo estaba dando vueltas por la mente de Eliseo, porque le preguntó dónde se había hundido la cabeza de hacha. Si yo hubiera sido el aprendiz, estaría pensando: *¿Y eso qué importancia tiene?* Pero le mostró a Eliseo dónde la había perdido. Eliseo cortó un palo, lo lanzó al agua y sucedió algo que es probable que no haya sucedido nunca antes, y desde entonces, nunca haya vuelto a suceder.

«Hizo que el hacha saliera a flote».

Este es uno de mis milagros favoritos de las Escrituras por un par de razones. En primer lugar, no es una situación de vida o muerte. Sí, era una cabeza de hacha prestada. Sí, él la había perdido. Pero si eso fuera lo peor que te sucediera en tu vida, habrías llevado una vida bastante protegida. ¿Te das cuenta de lo que estoy diciendo? Es *una cabeza de hacha*. Parecerá loco lo que voy a decir, pero ¿no te parecería que habrías debido guardar un milagro tan asombroso como este para una tragedia un poco más grande? Sin embargo, yo pondría este milagro en la misma categoría de aquel momento del banquete de bodas en el que Jesús convirtió el agua en vino. ¿Por qué desperdiciar tu primer milagro en ayudar a unos recién casados a no pasar vergüenza por no haber conseguido suficiente vino para la recepción? Pero creo que esto revela algo con respecto a Dios. A Él le preocupan también las cosas pequeñas, como las fiestas de bodas y las cabezas de hacha prestadas. Dios es grande, no solo porque no hay nada demasiado grande para Él. Dios es grande, pero también porque no hay nada demasiado pequeño para Él.

La otra razón por la que me encanta este milagro es porque la petición fue muy ridícula. Eliseo tiene que haberse sentido un poco raro hasta cuando pronunció esta oración:

Amado Dios, yo sé que las cabezas de hacha tienen una densidad de 7,2 gramos por centímetro cúbico. Sé también que a la temperatura normal, no hay líquido que tenga una viscosidad tan baja como el agua. Pero por favor, ¿querrías desafiar las leyes de la física y hacer lo que nunca antes ha sido hecho? Te ruego que la cabeza de hacha salga a flote.

Esta clase de milagros nos ayuda a redefinir la realidad. Y la realidad consiste en que no hay nada que sea demasiado difícil para Dios.

El grado de dificultad

Tenemos la tendencia a clasificar los milagros. Casi como hace un juez en una competencia de gimnasia, que clasifica una rutina basándose en su grado de dificultad, nosotros también clasificamos las cosas que pedimos en nuestras oraciones. Tenemos peticiones *grandes* y *pequeñas*. Tenemos peticiones *fáciles* y *difíciles*. Sin embargo, esto es un montaje falso. La verdad es esta: *Para el Infinito, todos los finitos somos iguales*. No hay grande ni pequeño, fácil ni difícil, posible ni imposible. Cuando de Dios se trata, no existen los grados de dificultad. No hay cálculo de probabilidades cuando se trata de Él. No hay cálculo que valga.

¿Cuál era el grado de probabilidad cuando Jesús quiso alimentar a cinco mil personas con cinco panes y dos peces? Digamos que cada pan o cada pez equivalgan a una comida. En ese caso, supongo que las probabilidades eran aproximadamente de cinco mil contra siete. Y a los discípulos, esto les debe haber parecido como un problema imposible de resolver: «Ni con el salario de ocho meses podríamos comprar suficiente pan para darle un pedazo a cada uno».

Casi podemos ver a los discípulos tratando de hacer números, pero de cualquier forma que se cortaran cinco panes y se filetearan dos peces, se seguían necesitando 4.993 comidas más. Sencillamente, la suma no daba: $5 + 2 = 7$.

«Jesús tomó entonces los panes, dio gracias y distribuyó a los que estaban sentados todo lo que quisieron. Lo mismo hizo con los pescados. Una vez que quedaron satisfechos, dijo a sus discípulos: "Recojan los pedazos que sobraron, para que no se desperdicie nada". Así lo hicieron, y con los pedazos de los cinco panes de cebada que les sobraron a los que habían comido, llenaron doce canastas».

En la economía de Dios, $5 + 2 = 5.000$ con un resto de 12.

Al final, terminaron teniendo más de lo que tenían al comenzar, después de haber alimentado a cinco mil personas. Y Dios es glorificado porque desafió una imposibilidad total.

Sinceramente, no importa la cantidad de moabitas a la que te estés enfrentando. No importa lo alto que sea el gigante egipcio. Y el tamaño del león en realidad tampoco es el problema.

El asunto es este: *¿De qué tamaño es tu Dios?*

Unas oraciones ridículas

Debido a que ya sabemos cómo terminó la persecución del león, no valoramos el aspecto que tendría aquello para quienes lo estuvieran observando. ¿Y si el león hubiera matado a Benaía? Digámoslo tal cual es: Él habría quedado completamente en ridículo. ¿Acaso no oyes que hay gente murmurando por lo bajo en el funeral? ¿Qué estaría pensando *Benaía?* Pero los cazadores de leones no tienen el temor de hacer algo que les parezca ridículo a los demás, porque ellos saben que *todo* es posible con Dios. Una petición nunca puede ser demasiado ridícula cuando se la estamos haciendo a aquel que no conoce límites.

Cuando National Community Church apenas estaba despegando, nosotros comenzamos a hacer una oración ridícula. Oramos para que Dios nos diera una propiedad que estaba a media calle de la Union Station. En aquellos momentos, era una edificación poco atractiva y cubierta de grafiti. En realidad, en sus mejores tiempos había sido usada como mansión. Pero yo me podía imaginar en aquella esquina una cafetería de primera clase y en plena operación. Así que comenzamos a orar. Yo hice caminatas de oración alrededor de aquellas instalaciones. Le impusimos las manos al edificio. Y oraba por él cada vez que pasaba por allí.

Era una oración ridícula por una serie de razones. En primer lugar, nuestra economía no nos permitía comprarla. El precio original que pedían era un millón de dólares, y hace ocho años no teníamos la cantidad de asistentes ni de ofrendas para financiar esa clase de sueño. En segundo lugar, las iglesias edifican iglesias. No es lo típico que edifiquen cafeterías. Además, no teníamos experiencia alguna en el negocio de las cafeterías. Y por último, los dueños estaban tratando de entenderse con Starbucks. Las probabilidades estaban decididamente contra nosotros.

Recuerdo todavía mi primera llamada telefónica a los dueños de la propiedad. Me sentía como un tonto, solo con llamarlos. Me sentía torpe. Estaba nervioso. Era joven. Y no tenía ni idea de lo que debía decir. En realidad, no teníamos razón alguna para querer aquella propiedad, pero nos atrevimos a tener un sueño del tamaño de Dios. Y seis años después de hacer una oración tan ridícula, compramos el lote 109 de la manzana 754 en el Distrito de Columbia. Todo aquel proceso estuvo tan lleno de intervenciones divinas, que a la cafetería le pusimos el nombre de Ebenezers, que significa «El Señor no ha dejado de ayudarnos». Aquella ridícula oración es hoy la cafetería más grande de Washington D.C. También es una de las mejores y de mayor movimiento. No nos perjudica el que esté estratégicamente situada a la sombra de la Union Station, frente al Edificio Judicial Federal, en diagonal con la esquina del Station Place, el mayor edificio de oficinas de Washington D.C., y forme la esquina noroeste del Distrito Histórico de Capitol Hill.

Ahora bien, aquí está lo asombroso. Inmediatamente después de comprar la propiedad, cuatro vecinos me dijeron que ellos habían ofrecido cantidades mayores que la nuestra. Yo no soy corredor de bienes raíces, ni tampoco hijo de corredor de bienes raíces, pero ¿acaso no es lo típico que se le venda al que presente la mejor oferta? La única explicación que tengo es el favor de Dios. Él tenía su mano sobre aquella propiedad, por lo que no permitió que ningún otro la comprara.

«Les aseguro que todo lo que ustedes aten en la tierra quedará atado en el cielo, y todo lo que desaten en la tierra quedará desatado en el cielo».

Subestimamos la autoridad espiritual que tenemos cuando oramos de acuerdo a la voluntad de Dios. El verbo *atar* significa «prohibir o encadenar». Cuando ejercitamos nuestra autoridad espiritual en oración y le impusimos manos a aquella propiedad, era como si nuestras oraciones hubieran puesto una cerca hecha con cadenas de hierro alrededor del 201 de la calle F del Noreste. Y Dios prohibió que la comprara nadie durante más de dos décadas.

De hecho, poco después de inaugurar nuestra cafetería, conocí a un vecino que me dijo: «De no haber sido por mí, ustedes no tendrían aquí una cafetería». Entonces me explicó que él había vivido en aquel vecindario durante más de veinticinco años. Y en 1980, cuando los antiguos dueños de nuestra propiedad solicitaron un permiso de demolición, este vecino los paró. Se fue a la sociedad de conservación histórica e hizo que se clasificara la propiedad como propiedad histórica. Y si él no hubiera hecho lo que hizo, una cadena de restaurantes de comida rápida o de lavanderías nos habría arrebatado la propiedad, incluso antes de que nos mudáramos al vecindario. Mucho antes de que fuera concebido siquiera aquel sueño de construir una cafetería, Dios ya había puesto un contrato sobre aquella propiedad.

EL LIBRO DE MEMORIAS

Tal vez estés pensando: *Aunque Dios sea tan grande que lo puede hacer absolutamente todo, ¿por qué tendría que responder mi oración? ¿Por qué habría de hacer algo milagroso a través de mí?* Bueno, cuando llegamos a este punto necesitamos entender que Dios es más que un Gran Maestro, más que un viajero del tiempo, más que un montón de teorías científicas. Dios es nuestro *Padre*.

Algunas veces me pongo a observar a mis hijos sin que ellos lo sepan. Me encanta verlos jugar cuando están en su ambiente. Me encanta caminar junto a sus aulas de la escuela y observarlos en su hábitat natural. Y me encanta entrar en sus cuartos por las noches, cuando están profundamente dormidos, y observarlos. Algunas veces los observo porque me preocupan. Otras los observo porque me siento orgulloso de ellos. Otras, porque sé que van a hacer lo que yo les he dicho que *no* hagan. Y otras, sencillamente porque me encanta observarlos. Me veo a mí mismo en ellos.

Al igual que sucede con un padre amoroso, a nuestro Padre celestial le encanta observar a sus hijos. De hecho, no se limita a observarnos. En realidad, está escribiendo en su libro. Las Escrituras lo llaman «un libro de memorias». Dios está escribiendo absolutamente todos nuestros actos de justicia. Y aquí van incluidas las cosas secretas que nadie ve, y las cosas pequeñas que nadie nota. Nada que hagas bien quedará sin su recompensa. Y Dios no se limita a escribir solamente estos actos de justicia. Se regocija en ti, como un padre se regocija en un hijo suyo.

Por favor, ni te pierdas ni deseches esta sencilla verdad: Dios es un padre orgulloso de sus hijos. Tú eres «la niña de sus ojos». Y tu Padre celestial celebra todos tus logros. Pero tenemos que pensar que no hay nada que le produzca un gozo mayor a Dios, que cuando uno de sus hijos desafía todas las probabilidades.

Uno de mis momentos más memorables como padre se produjo durante la temporada de novato de mi hijo Parker en el baloncesto de las ligas menores. Su equipo no había ganado un solo juego en toda la temporada. Y ese juego en particular, lo perdimos cuarenta a cinco. Lamentablemente, no hay error en lo que acabo de escribir. Pero hay algo valioso en todo esto. Uno de los cinco puntos lo anotó mi hijo. Y fue poco menos que milagroso.

Yo había estado practicando el tiro libre con Parker desde el principio de la temporada, pero él nunca, repito, *nunca*, había logrado uno. Sencillamente, aún no tenía fuerza suficiente para lanzar una pelota reglamentaria hasta una canasta que estaba a cuatro metros y medio de distancia, y a una altura de tres metros. En dos meses de práctica, solo había tocado el aro un par de veces. El noventa y ocho por ciento de las veces no había tocado siquiera el aro desde la línea de tiro libre.

Así que cantaron falta a favor de Parker, y pasó a la línea de tiro libre. Y para ser perfectamente sincero, me sentí mal al principio porque sabía que mi hijo tenía un noventa y ocho por ciento de probabilidades de quedar avergonzado. ¡Pero oré como si fuera el día de Pentecostés! Quisiera poder decir que oré para que Parker pudiera hacer el tiro libre, pero mi fe no era tan grande. Solo oré para que tocara el aro. Pero Parker se plantó en la línea de tiro libre y renovó mi fe en el poder de la oración. Desafiando todas las probabilidades, Parker hizo el primer tiro libre de su corta y poco ilustre carrera en el baloncesto.

Y yo lloré.

¡No estoy de broma! Lloré de gozo. Traté de mantener la compostura, porque parece un poco tonto vitorear demasiado fuerte cuando uno está perdiendo por tantos puntos a favor del equipo contrario. Pero tuve mi avivamiento personal. Fue un momento santo. Creo que me emocioné más con aquel primer tiro libre de Parker que con todos los tiros que yo había hecho en mi carrera de baloncesto en el colegio universitario.

¿Por qué? Porque soy un padre normal. Y los padres se regocijan cuando sus hijos hacen algo bien hecho. Nuestro Padre celestial no es la excepción. De hecho, Él es el que marca la pauta para que la sigamos todos los demás.

Créeme: Dios estaba mucho más emocionado que el propio Benaía cuando este persiguió y mató al león. Casi lo puedo ver dándole un codazo a uno de los ángeles y diciéndole: «¿Viste lo que hizo mi muchacho Benaía?»

Los cazadores de leones desafían todas las probabilidades en su contra, y hacen que su Padre se sienta orgulloso de ellos.

REVISIÓN DEL CAPÍTULO 2

Puntos a recordar

- Los cazadores de leones prosperan en las circunstancias más difíciles, porque saben que las imposibilidades son las que montan el escenario para unos milagros asombrosos.

- El error que cometemos la mayor parte de nosotros cuando de Dios se trata, es que pensamos que es tetradimensional. Sin embargo, Dios no tiene límites en cuanto a dimensiones.

- La forma en que pienses sobre Dios determinará en quién te vas a convertir.

- Dios siempre está obrando tras bambalinas, manejando nuestras circunstancias, y preparándonos para el éxito.

- Mientras más crezcamos, mayor se debe volver Dios para nosotros. Y mientras más grande se haga Dios, más pequeños se volverán nuestros leones.

- La verdad es que no hay *nada* que sea demasiado difícil para Dios.

Comienza la caza

¿De qué tamaño es tu Dios? ¿Es lo suficientemente grande como para hacer lo que sea, o (en tu mente) hay límites a lo que Él puede hacer? ¿Qué podrías hacer tú hoy para comenzar a vivir con un concepto más grandioso y mejor de Dios?

CAPÍTULO 3

DESAPRENDE TUS TEMORES

El precio de nuestra vitalidad
es la suma de nuestros temores.
DAVID WHYTE

Hace alrededor de un año participé en un equipo de miembros de National Community Church que fueron en un viaje misionero a Etiopía. Ayudamos a fundar una ciudad en Adís Abeba, la capital del país, y fuimos para servir a la iglesia de diversas maneras. Aquella semana estuvo repleta de experiencias inolvidables. Construimos una choza de adobe para una abuela etíope. Jugamos al Pato Ganso con niños de una escuela primaria. Y tuve la oportunidad de predicarles a miles de creyentes etíopes que adoran a Dios con una intensa espiritualidad que pocas veces he visto en los Estados Unidos.

Antes de comenzar el viaje, todos los miembros del equipo estábamos un poco nerviosos. Eran tiempos de preocupación política, nos estábamos sometiendo a una diversidad de enfermedades del tercer mundo, e incluso tendríamos que beber el agua y comer los alimentos de una manera muy consciente. Así que todos nos sentíamos ansiosos, con la excepción de una persona, Sarah, que francamente sentía miedo, sobre todo cuando supo que íbamos a acampar en el Parque Nacional de Awash. Por alguna razón, ni siquiera la tranquilizaba saber que unos guardias armados iban a velar toda la noche. Tampoco la ayudaban los cocodrilos que veíamos en el río, ni los leones que oíamos rugir alrededor de nuestra fogata.

No obstante, me sentí orgulloso de ella. Sarah se enfrentó a sus temores. Confió en su equipo. Creyó genuinamente que Dios la estaba llamando a ir a aquel viaje. Y debido a que se abrió paso entre sus temores, experimentó algunos de los recuerdos más asombrosos. Decidió vivir de una forma que valiera la pena contar historias sobre ella:

> Había un millón de razones por las que yo no debía ir. No soy evangelista. No tengo ningún talento especial. No tengo tres mil dólares para usarlos en algo así. Nunca he pasado al oeste del río Mississippi, y mucho menos he salido del hemisferio occidental. No soy una persona físicamente enérgica. No puedo sobrevivir sin electricidad y sin agua corriente. Pero solo necesitaba una razón para ir: Dios me había llamado.

Al reflexionar en ello, es difícil imaginarse cuántos recuerdos se habría perdido Sarah si hubiera huido de sus temores. Atravesamos en nuestros vehículos el interior de Etiopía y nadamos en un manantial natural cuya agua era calentada por un volcán. Eso no se puede hacer todos los días. Visitamos una aldea de una tribu que parecía salida directamente de las páginas de la revista *National Geographic*. Ninguno de nosotros olvidará el recorrido en los Land Rovers por tierras repletas de animales. Mientras el sol africano nos quemaba y sentíamos la brisa en el rostro, vimos animales que nunca habíamos conocido en ningún zoológico. Entonces nos detuvimos en un pequeño café situado en un escarpado lugar junto al río Awash. Aquel panorama era de esos que demandan un momento de silencio. Mientras miraba desde el despeñadero que caía verticalmente unos sesenta metros, pude sentir que el Espíritu de Dios le decía a mi espíritu: ¡Mira lo que he hecho! Fue uno de los momentos más especiales de mi vida. Pude sentir literalmente a Dios disfrutando de lo mucho que nosotros disfrutábamos de su creación.

Nunca olvidaré el blog que escribí dentro de mi pequeña tienda de campaña aquella noche. (Estoy seguro de que nuestros guardias sentirían mucha curiosidad con el resplandor iridiscente que salía de mi tienda.) Recuerdo haber escrito estas palabras: «¡No acumules posesiones; acumula experiencias!»

Después apagué mi computadora y comencé a darle gracias a Dios por absolutamente todo lo sucedido aquel día. Le di gracias por los camellos, los babuinos y los jabalíes. En realidad, mencioné por su nombre todos los animales que había visto. Le di gracias por la cascada y las montañas. Le di gracias hasta por los pastores armados que llevaban fusiles AK-47, que nos pidieron dinero por las fotografías que tomamos de su ganado. Volví a vivir todo el día en oración. Hasta que me dormí. No fue una mala manera de terminar uno de los días más extraordinarios de mi vida.

Ahora bien, esto es lo que quisiera comunicarte. ¿Y si Sarah hubiera dejado que el temor le impidiera ir al viaje? Piensa en la gran cantidad de experiencias a las que habría renunciado. Piensa en los recuerdos que se habría perdido. Piensa en las historias que habrían quedado sin contar.

Dicho sea de paso, ninguna de las cosas que Sarah temía, sucedió. El avión no se estrelló. Ella no se enfermó. Y ningún animal salvaje se la comió viva. La única cosa mala que le sucedió fue que un babuino le lanzó un poco de estiércol. ¡No es broma! Debemos haber tenido como quince babuinos de todas las formas y tamaños merodeando alrededor del campamento. En realidad, éramos nosotros los que estábamos metidos dentro del campamento *de ellos*. Y uno de ellos, desde lo alto de un árbol, lanzó una bomba babuina. No estoy seguro de si el babuino estaba tratando de dar en el blanco, pero vaya tiro. Sé que es algo repugnante. Bastante desagradable es verle el trasero desnudo a un babuino. Pero qué palabras más estupendas para romper el hielo en una fiesta: *Oigan, ¿saben una cosa? Una vez, un babuino me echó estiércol.* ¿Cuánta gente conoces que pueda decir esto? ¡Vaya historia! Cuando pasan esas cosas es cuando uno sabe que está viviendo al máximo.

Así que este es mi consejo: No permitas que tus leones mentales te impidan experimentar todo lo que Dios te está ofreciendo. Los descubrimientos más grandes de tu vida se producirán cuando te abras paso a través de tus temores. Los momentos definidores son también las decisiones que más miedo nos dan. Pero les tienes que dar la cara a esos temores y comenzar el proceso de desaprenderlos.

HAY QUE DESAPRENDER

Casi como le sucede a un disco duro cuando le entra un virus a la computadora, nuestra mente tiene archivos que están infectados. Los temores irracionales y los conceptos erróneos nos impiden operar de la manera en que fuimos diseñados. Y si no desinstalamos esos temores y esos conceptos equivocados, van a ir socavando todo lo que hagamos.

La mitad del aprendizaje consiste en aprender. La otra mitad del aprendizaje consiste en desaprender. Por desdicha, desaprender es el doble de difícil que aprender. Es como cuando uno va por una autopista y se pasa de la salida que debe tomar. Tiene que ir hasta la siguiente salida, y entonces dar la vuelta. Cada kilómetro que recorras en la dirección incorrecta, es en realidad un error de dos kilómetros. Desaprender es el doble de difícil, y es frecuente que exija también el doble del tiempo. Es más difícil *sacar* de la mente los viejos pensamientos que *poner* nuevos en ella.

Ese es el desafío al que se enfrentó Jesús, ¿no es así?

Si estudias las enseñanzas de Cristo, te darás cuenta de que el aprendizaje no era su objetivo principal. En realidad, su objetivo principal era el «desaprendizaje». Estaba tratando de lidiar con las mentes religiosas para que funcionaran a la inversa. Y es posible que esas sean las mentes más difíciles de cambiar. Por eso, hay dos frases que repite una y otra vez en el Sermón del Monte:

«Ustedes han oído que se dijo...»

«Pero yo les digo...»

¿Qué estaba diciendo y haciendo Jesús? Estaba desinstalando conceptos del Antiguo Testamento y mejorándolos con verdades del Nuevo Testamento.

«Ustedes han oído que se dijo: "Ojo por ojo y diente por diente". Pero yo les digo: No resistan al que les haga mal. Si alguien te da una bofetada en la mejilla derecha, vuélvele también la otra».

«Ustedes han oído que se dijo: "No cometas adulterio". Pero yo les digo que cualquiera que mira a una mujer y la codicia ya ha cometido adulterio con ella en el corazón».

«Ustedes han oído que se dijo: "Ama a tu prójimo y odia a tu enemigo". Pero yo les digo: Amen a sus enemigos y oren por quienes los persiguen».

Una mitad del crecimiento espiritual consiste en aprender lo que no sabemos. La otra mitad consiste en desaprender lo que sí sabemos. No desaprender los temores irracionales y los conceptos erróneos es lo que impide que lleguemos a ser los que Dios quiere que seamos.

El inválido de Juan 5 es un excelente ejemplo de lo importante que es desaprender. Llevaba treinta y ocho años lisiado cuando Jesús le preguntó si quería ser sano. Pero aquel hombre creía que solo había una manera de llegar a ser sano:

«Señor —respondió—, no tengo a nadie que me meta en el estanque mientras se agita el agua, y cuando trato de hacerlo, otro se mete antes».

¡Aquel hombre había llegado a suponer algo que le había costado treinta y ocho años de su vida! Él solo tenía una categoría en cuanto a la sanidad. Basado en una antigua superstición, daba por sentado que tenía que ser el primero en entrar al estanque de Betzatá cuando se agitaba el agua, para poder ser sanado. En cierto sentido, era prisionero de lo que sabía. Pero Jesús desinstaló esa creencia errónea con unas pocas palabras: «Levántate, recoge tu camilla y anda».

Ahora bien, he aquí lo que necesitas ver. Jesús no liberó a aquel hombre solamente en un sentido físico. También lo hizo en un sentido cognoscitivo. La fe consiste en desaprender las preocupaciones insensatas y las creencias mal dirigidas que nos mantienen cautivos. Es muchísimo más complejo que una simple modificación de la conducta. La fe involucra una sinaptogénesis. La fe consiste en reorientar los circuitos del cerebro humano.

Desde el punto de vista neurológico, eso mismo es lo que hacemos cuando estudiamos las Escrituras. Estamos mejorando literalmente la calidad de nuestra mente al aceptar e instalar la mente de Cristo en nuestra vida.

«No se amolden al mundo actual, sino sean transformados mediante la renovación de su mente».

Así como hace falta defragmentar el disco duro de una computadora para que funcione de una forma óptima, también necesitamos defragmentar nuestra mente. Por tanto, ¿cómo defragmentamos nuestra fe? ¿Cómo renovamos nuestra mente? ¿Cómo salimos del foso mental en el que nos hemos metido? La manera de mejorar nuestra mente es transfiriendo a ella las Escrituras.

Permíteme que ponga las instrucciones de Pablo dentro de un contexto neurológico.

Los doctores Avi Karni y Leslie Ungerleider, del Instituto Nacional de Salud Mental, hicieron un fascinante estudio en el que les pedían a los sujetos que realizaran una tarea motora sencilla: un ejercicio que consistía en tamborilear con los dedos. Mientras los sujetos tamborileaban, los doctores llevaban a cabo una prueba de resonancia magnética para identificar cuál era la parte del cerebro que se estaba activando. Después los sujetos practicaban el ejercicio de tamborileo de los dedos a diario durante cuatro semanas. Al final del período de cuatro semanas, se repetía la prueba. En todos los casos, quedó revelado que la zona del cerebro involucrada en aquella tarea se había ampliado. Esa sencilla tarea —un ejercicio de tamborileo con los dedos— reclutó literalmente nuevas células nerviosas y reorientó las conexiones entre las neuronas.

Cuando leemos las Escrituras, estamos reclutando nuevas células nerviosas y reorientando las conexiones entre las neuronas. En cierto sentido, estamos bajando un nuevo sistema operativo que reconfigura la mente. Dejamos de tener pensamientos humanos para comenzar a tener los pensamientos de Dios.

«La actitud de ustedes debe ser como la de Cristo Jesús».

¿Cómo cumplimos ese mandamiento?

«Que habite en ustedes la palabra de Cristo con toda su riqueza».

Cuando leemos las Escrituras, nos dedicamos a una especie de tamborileo espiritual. Nuestro cerebro se reorganiza internamente en sintonía con la Palabra, y se desarrolla en nosotros la mente de Cristo. Tenemos sus pensamientos.

El enfrentamiento con los temores

Desaprender es algo que exige más que una simple reprogramación de nuestro cerebro. Necesitamos usar nuestros nuevos conocimientos para *enfrentarnos* a nuestros temores... y vencerlos.

Según las obras de consulta de psiquiatría, existen alrededor de dos mil temores distintos que han sido clasificados. Esos temores documentados forman una amplia gama, desde la triscaidecafobia (el temor al número trece) hasta la araquibutirofobia (el temor a que la mantequilla de maní se pueda quedar pegada al paladar). Hay hasta una fobofobia; es decir, el temor a adquirir una fobia.

Lo interesante es que los psiquiatras proponen que solo nacemos con dos temores innatos: el temor a caernos y el temor a los ruidos fuertes.

Eso quiere decir que todos los demás temores son aprendidos. Y más importante aun, también significa que todos los demás temores se pueden *desaprender*.

Hace poco, nuestra familia hizo un pequeño viaje por carretera hasta Nashville, en Tennessee, y uno de los puntos destacados de nuestro viaje consistía en alojarnos en hoteles que tuvieran piscina. Nuestros tres hijos estaban sumamente emocionados, pero cuando fuimos a la piscina la primera noche, Josiah, el de cuatro años, se negó a entrar en ella. Yo me di cuenta de que tenía miedo, pero no podía comprender por qué. Entonces él dijo: «No me quiero hundir». Y en ese instante recordé algo. La última vez que nos alojamos en un hotel con piscina había sido unos meses antes. Josiah estaba en las escaleras de la parte menos profunda de la piscina cuando se resbaló y tragó bastante agua. No le pasó nada, pero se asustó mucho. Se fue hasta la bañera de agua caliente donde yo estaba y me dijo: «Papá, me hundí».

Ahora, este es el problema. A Josiah le encantaba nadar hasta el verano pasado. Y no tenía miedo alguno. Solía gritar: «¡Papá, atrápame!», *después* de haber saltado del borde de la piscina. Pero aquella experiencia tan aterradora en la piscina de un hotel había sembrado en él una semilla de temor.

Sinceramente, su temor a hundirse era irracional por completo. Así que le dije que lo sostendría todo el tiempo, de modo que pudiera tocar el piso de la piscina. Pero con los temores irracionales no se puede razonar.

Pienso que la mayoría de nosotros, para bien o para mal, somos moldeados por un puñado de experiencias. Esas experiencias definitorias pueden sembrar una semilla de seguridad o una de duda; una semilla de esperanza o una de impotencia; una semilla de fe o una de temor.

En este caso, la experiencia de Josiah al hundirse sembró una semilla de temor en él. Y me corresponde a mí, como padre, arrancar esa mala hierba emocional; de manera que Josiah no deje que un temor irracional a las piscinas de los hoteles se arraigue en su mente. Uno de mis deberes sagrados como padre es ayudar a mis hijos a desaprender sus temores. Por eso metí a Josiah en la piscina contra su voluntad. Traté de no traumatizarlo. Y sus gritos me hicieron sentir como un padre terrible. Pero me lo llevé a la piscina, porque es mi responsabilidad paterna ayudar a mis hijos para que se sepan enfrentar sus temores. Yo sabía que aquel temor no desaparecería si él no aprendía a enfrentársele. Y sabía que estaría renunciando a muchas diversiones si yo no lo ayudaba a ser valiente.

Dicho sea de paso, también descubrí que es una manera excelente de que le den a uno un gran abrazo de oso. ¡Josiah se aferraba a mí como si el mañana ya no existiera!

¿Acaso no tenemos nosotros esa misma experiencia en nuestra relación con Dios? Cuando todo va bien, nos es fácil guardar nuestra distancia. En cambio, cuando nos hallamos en situaciones que dan miedo, nos aferramos a Dios como si en ello nos fuera la vida.

Piensa en tus temores como si fueran leones mentales. Si no aprendemos a perseguir esos temores, ellos son los que nos pueden mantener a nosotros bajo su dominio durante el resto de nuestra vida. Por eso, como buen padre que es, nuestro Padre celestial nos ayuda a desaprender los temores que causarían que nos perdiéramos muchos logros y frutos… porque nos ama y quiere lo mejor para nosotros.

En I Juan 4:17-18 se describe la meta final de nuestra relación con Dios: «En el amor no hay temor, sino que el amor perfecto echa fuera el temor».

¡La meta del amor es la *intrepidez!* A medida que vamos creciendo en una relación de amor con Dios, vamos también desaprendiendo los temores que nos paralizan y neutralizan espiritualmente. Esa es la esencia de la fe.

La fe consiste en un proceso de desaprender nuestros temores irracionales.

El único temor que Dios ha dispuesto que tengamos, es el temor a Él. Y si tememos a Dios, entonces no tendremos que temer a nada ni a nadie más. En realidad, desaprender nuestros temores es un proceso que nos hace aprender a confiar en Dios cada vez más.

Las alergias de la fe

Los cazadores de leones experimentan los mismos temores que todos los demás. Estoy seguro de que Benaía le había tenido miedo al coco cuando era niño. Pero los cazadores de leones han aprendido a enfrentarse a esos temores. Han desaprendido el temor a la incertidumbre, el temor al riesgo, el temor a parecer tontos y una cantidad incalculable de temores más que los podrían retener. Su fe ha sido defragmentada. No es imprescindible que sepan más que otras personas. Sin embargo, han desaprendido los temores que los mantenían cautivos. Y todos ellos lo hicieron de la misma forma: persiguiendo ellos a sus temores en lugar de huir de ellos. Se enfrentaron a la misma cosa de la que tenían temor.

Abraham subió con Isaac al monte Moria y lo colocó sobre el altar. Moisés regresó donde estaba el faraón cuarenta años después de haber huido, convirtiéndose en un fugitivo de la justicia. Y Jesús se fue al desierto para que allí lo tentara el propio Satanás.

¿Hay acaso algún Isaac que necesitas sacrificar sobre el altar? ¿Hay algún faraón al que necesitas enfrentarte? ¿O tal vez Dios te esté llamando al desierto por una temporada?

Los cazadores de leones no se esconden de las cosas que temen. Persiguen a los leones hasta los fosos. Van al encuentro de las fuentes de sus terrores porque saben que esa es la única manera de vencerlos. Los cazadores de leones tienen un umbral alto para el temor porque se han ido creando una inmunidad contra él.

Hace poco fui a la oficina de mi doctora para que me hicieran una amplia batería de pruebas sobre la alergia. La doctora quería averiguar cuáles eran los alérgenos que activaban mi asma. La enfermera comunitaria me pinchó el antebrazo en dieciocho lugares con diferentes alérgenos y me dijo: «No se rasque». Aquello fue como la tortura china con el agua. Tuve que resistirme a las ganas de rascarme donde me picaba durante quince de los minutos más largos de toda mi vida.

Pero la prueba de alergia no es un ejercicio sin sentido para castigar de una manera cruel y poco usual, aunque lo parezca. Es una forma de ingeniería a la inversa. Mi doctora no estaba satisfecha con limitarse a tratar mis síntomas alérgicos. Quería descubrir las causas que eran las raíces de mis reacciones. Y la solución no está solamente en evitar esos alérgenos. En realidad, la cura está en ponerme en contacto con ellos en pequeñas dosis.

He aquí lo que te quiero decir. La cura para el temor al fracaso no es el éxito. Es el fracaso. La cura para el temor al rechazo no es la aceptación. Es el rechazo. Tienes que estar en contacto con pequeñas cantidades de aquello a lo que le tienes temor. Así es como se crea inmunidad.

Cuando estaba en los últimos años de la universidad, en Chicago, Lora y yo quisimos fundar una iglesia en la zona del North Shore de Chicago. Teníamos un grupito para comenzar. Teníamos un nombre. Abrimos una cuenta en el banco. Pero hubo un pequeño detalle: Nunca celebramos un culto.

Aquel intento fallido era sumamente vergonzoso, porque le habíamos dicho a todo el mundo que íbamos a fundar una iglesia, pero nos dimos de bruces. Y era una desilusión, porque pensábamos que eso era lo que Dios quería que hiciéramos. Fue un fracaso total. Sin embargo, también fue una de las mejores cosas que nos pasaron en la vida. No se trata de que ahora me guste fracasar más de lo que me gustaba entonces, pero de alguna manera, aquella experiencia nos liberó del temor a fracasar. Creó en nosotros una *inmunidad al temor*. Así que cuando tuvimos la oportunidad de formar parte de la fundación de National Community Church, no tuvimos miedo a fracasar. ¡Yo calculé que era imposible que hiciéramos más daño que el que habíamos hecho en Chicago!

Así que, ¿de qué tienes miedo? ¿Cuáles son los alérgenos que activan en ti una reacción de temor? Esas son precisamente las cosas a las que necesitas enfrentarte.

Una de las cosas más grandiosas que te podrían suceder es que tu temor se convierta en realidad. Entonces descubrirías que no ha llegado el fin del mundo. Tu temor es peor que la misma cosa a la que le has estado teniendo miedo. Y si aprendes de cada error, en ese caso, de todas maneras no hay fracaso alguno.

Impotente

¿Recuerdas la forma en que las Escrituras describen a Satanás?

«Su enemigo el diablo ronda como león rugiente, buscando a quién devorar».

Satanás tiene dos tácticas principales cuando se trata de neutralizar tu espiritualidad: el desaliento y el temor. Quiere que te enfoques en los errores que has cometido en el pasado. Por eso se le llama «el acusador de nuestros hermanos». Y el resultado final es que perdemos el valor.

La otra táctica que usa es el temor. Satanás quiere atemorizarnos para que nos alejemos del cielo. Quiere usar el temor para frenarnos de tal manera que nos acostumbremos a reaccionar y defendernos únicamente. Por eso se le describe como león que busca a quién devorar.

Lo que necesitamos es un poco de valentía al estilo de Cristo para perseguir a ese león.

Jesús nunca huyó de nadie ni de nada. No tuvo temor de entrar al templo cuando supo que los fariseos estaban conspirando para quitarle la vida. No le tuvo miedo al lunático que llevaba consigo a la legión de demonios. Y cuando aquella banda de linchadores llegó para arrestarlo, ¿qué hizo? No corrió a esconderse. Las Escrituras dicen que «les salió al encuentro» y se identificó.

Jesús nunca salió huyendo de sus detractores o de quienes lo perseguían. Era Él quien les daba caza.

Aun en los momentos en que su vida estaba en juego, Jesús se negó a defenderse ante las autoridades judiciales. Si se hubiera decidido a defenderse, estoy convencido de que se habría podido librar de la cruz. ¿Por qué? Porque Él nunca perdió ninguna discusión. Pero en lugar de hacer eso, prefirió mantenerse callado e ir a la cruz.

«Como oveja, fue llevado al matadero; y como cordero que enmudece ante su trasquilador, ni siquiera abrió su boca».

Esa es la esencia del valor, ¿no es cierto?

Tener valor es ponerse a sí mismo en posiciones en las cuales no hay defensa posible.

¿Acaso no es eso lo que llevó a Daniel a una cueva llena de leones? ¿No es eso lo que hizo Ester al desafiar el protocolo real y acercarse al rey sin haber sido convocada? ¿Y no es eso lo que hizo Jesús en la cruz?

La gente se burlaba de Jesús. Le lanzaban insultos y lo retaban, diciéndole:

«Si eres el rey de los judíos, sálvate a ti mismo».

¿Te puedes imaginar lo difícil que debe haber sido escuchar aquellas palabras? ¡Porque Jesús sí se habría podido salvar a sí mismo!

«¿Crees que no puedo acudir a mi Padre, y al instante pondría a mi disposición más de doce batallones de ángeles? Pero entonces, ¿cómo se cumplirían las Escrituras que dicen que así tiene que suceder?»

Un batallón era la unidad mayor dentro del ejército romano, que contaba con seis mil soldados. Jesús sabía que tenía más de setenta y dos mil ángeles a su disposición. Él habría podido hacer abortar su misión redentora con una sola llamada a esos ángeles para que lo protegieran. Pero Jesús no estaba tratando de salvarse a sí mismo. Estaba tratando de salvarte a ti. Por eso se puso en una posición en la que no tenía defensa posible. Tuvo el valor necesario para ir a la cruz.

El momento de mantenerse firme

Llegan momentos en los cuales tenemos que enfrentar nuestros temores y mantenernos firmes en lo que sabemos que es lo correcto. Eso es lo que hicieron Sadrac, Mesac y Abednego. Pusieron en peligro su vida cuando se negaron a inclinarse ante un ídolo de veintisiete metros de alto.

Tengo que ser sincero. Yo me habría sentido tentado a justificar algún tipo de concesión en aquellas circunstancias. *Me voy a inclinar por fuera, pero no por dentro. Voy a cruzar los dedos mientras me inclino, para que no cuente en realidad. Lo que voy a hacer es imaginarme que el ídolo es Jehová.* Habrían podido entrar en algún tipo de componenda, pero los que persiguen a los leones no retroceden. Y sus actos de valor prepararon la escena para unos milagros realmente colosales.

«Sadrac, Mesac y Abednego le respondieron a Nabucodonosor: "¡No hace falta que nos defendamos ante Su Majestad! Si se nos arroja al horno en llamas, el Dios al que servimos puede librarnos del horno y de las manos de Su Majestad. Pero aun si nuestro Dios no lo hace así, sepa usted que no honraremos a sus dioses ni adoraremos a su estatua"».

A mí se me ocurren mil formas de morir que preferiría a la de ser arrojado a un horno encendido. Si tuviera que escoger entre que un león me devorara, o un fuego me quemara, no estoy seguro de qué escogería. Pero Sadrac, Mesac y Abednego se mantuvieron firmes. Y en eso consiste la valentía.

La valentía consiste en hacer lo que sea correcto, sin que nos interesen las circunstancias o las consecuencias.

Sadrac, Mesac y Abednego se negaron a defenderse, y Nabucodonosor se enojó tanto con ellos que hizo calentar el horno siete veces más de lo ordinario, y que los lanzaran dentro. Estaba tan caliente, que los soldados que los tiraron al horno murieron. En cambio, ni un solo cabello de la cabeza se les quemó a Sadrac, Mesac y Abednego.

«En ese momento Nabucodonosor se puso de pie, y sorprendido les preguntó a sus consejeros:
—¿Acaso no eran tres los hombres que atamos y arrojamos al fuego?

—Así es, Su Majestad —le respondieron.

—¡Pues miren! —exclamó—. Allí en el fuego veo a cuatro hombres, sin ataduras y sin daño alguno, ¡y el cuarto tiene la apariencia de un dios!»

Cuando tú te pones en una posición en la que no hay defensa posible, eso prepara el escenario para que Dios se manifieste. Y eso es exactamente lo que sucedió. ¡No solo salieron vivos del horno ardiente Sadrac, Mesac y Abednego, sino que ni siquiera olían a humo!

¿Qué habría sucedido si Sadrac, Mesac y Abednego se hubieran inclinado ante aquel ídolo?

No estoy seguro de poder responder con precisión esa pregunta, pero sí sé una cosa. No habrían recibido un ascenso. Los judíos no habrían obtenido la categoría de pueblo protegido dentro del Imperio Babilónico. La adoración a los ídolos habría continuado en toda su furia en Babilonia. Y Nabucodonosor no habría tenido un encuentro con Dios que transformó su vida.

Entonces exclamó Nabucodonosor: «¡Alabado sea el Dios de estos jóvenes, que envió a su ángel y los salvó! Ellos confiaron en él y, desafiando la orden real, optaron por la muerte antes que honrar o adorar a otro dios que no fuera el suyo. Por tanto, yo decreto que se descuartice a cualquiera que hable en contra del Dios de Sadrac, Mesac y Abednego, y que su casa sea reducida a cenizas, sin importar la nación a que pertenezca o la lengua que hable. ¡No hay otro dios que pueda salvar de esta manera!»

Un acto de valor realizado por tres jóvenes de veintitantos años transformó a un rey y a su reino.

Tal vez sea hora de que te enfrentes a tu temor y te mantengas firme en su contra.

Lo divertido del temor

Imagínate que tienes una conversación con Benaía mientras se toman un café expreso doble. La conversación gira alrededor de los típicos motivos de charla de la antigüedad: la estrategia militar, la higiene de los moabitas y lo último en aparatos para guardaespaldas. Entonces, después de conversar de cosas triviales, le pides a Benaía que te hable acerca de los momentos más grandes de su vida. Estoy seguro de que te contaría los tres sucesos que aparecen en 2 Samuel 23. Tal vez hasta los embellezca un poquito. (¿No te has dado cuenta de esta tendencia universal? Mientras más edad tenemos, más difícil fue lo que hicimos, y mejor actuamos).

Luego, después que él te hace una descripción detallada de sus colosales actos de valor, tú le pides a Benaía que te hable de los momentos en que más temor sintió en toda su vida. Me imagino que te miraría con extrañeza y te diría que los acababa de contar todos. Los momentos más grandiosos fueron también los más llenos de temor. Fueron los mismos.

Es demasiado fácil leer acerca de un encuentro con un león que se produjo hace tres mil años y subestimar por completo el trauma emocional que eso debe haber causado. La mayoría de nosotros tenemos pesadillas después de haber visto algo horroroso en alguna pantalla. Te garantizo que Benaía se despertó sudando frío más de una vez después que le volvían aquellos sucesos a la memoria. Sí, por supuesto, Benaía mató al león. ¡Pero no antes que aquel león le diera un tremendo susto! Estuvo a unos pocos centímetros de treinta dientes al descubierto. Pudo oler el sangriento aliento del león. Y el eco de su rugido en aquel foso debe haber permanecido en su mente para siempre.

Fue temor, puro y simple.

No importa lo probado en batalla que seas, ni la cantidad de cicatrices de guerra que tengas. No importa lo loco o lo valiente que seas. Nadie se enfrenta cara a cara con un león de más de doscientos kilos sin experimentar un terror total. Pero el momento de mayor terror en toda su vida se convirtió en el más grandioso.

Esto mismo es cierto con respecto a cada uno de nosotros. Si te tomas un segundo para reflexionar acerca de tu vida, descubrirás que las experiencias más grandiosas muchas veces son las más aterradoras, y las experiencias más aterradoras muchas veces son las más grandiosas. Así es como funciona la vida, ¿no es cierto?

Yo tengo una pregunta que les hago a mis hijos después de montarlos en los aparatos de los parques de diversión donde montan en un cohete o en un ascensor en plena caída: ¿Te asustaste o te divertiste? Por lo general, es una combinación de ambas cosas. Experimentan temor cuando los estoy lanzando al aire o tirándolos al sofá. Pero después es divertido. *Temor y después diversión.*

¿Acaso no es esa la razón por la que pagamos una buena cantidad de dinero en los parques temáticos? Sí, claro, montamos en el tiovivo y en las tazas voladoras. Pero esa no es la razón por la que pagamos tanto dinero. Son las montañas rusas con caídas de ochenta y nueve grados las que generan los ingresos. ¿Te has detenido alguna vez a pensar en lo irónicas que son las montañas rusas? Básicamente, le estamos pagando a alguien para que nos asuste hasta que tengamos el corazón en la boca. Por lo general, nos enojamos cuando alguien nos da un susto. Entonces, ¿por qué pagar dinero para montar en una montaña rusa? Porque tenemos necesidad de los peligros controlados. Necesitamos una dosis de temor de vez en cuando.

Es difícil de describir, pero hay algo en el temor que nos hace sentir vivos. La adrenalina corre por nuestro cuerpo. Nuestros reflejos parecen los de un felino. Y el tiempo se detiene. Benaía debe haber estado asustado al máximo cuando perseguía al león. Pero nunca se sintió más vivo. Y fue el temor que sintió lo que hizo que su historia «con un león en medio de un foso cuando estaba nevando» fuera mucho más divertida a la hora de contarla después de los hechos. Las experiencias más aterradoras hacen los mejores cuentos, ¿no es así?

Así que aquí tienes mi pregunta: *¿Estás viviendo de una manera que valga la pena contar historias sobre tu vida?*

Tal vez sea tiempo de dejar de huir y comenzar a perseguir. Intenta algo nuevo. Tómate unos cuantos riesgos. Comienza a hacer algunas cosas que valgan la pena relatar después con unos detalles que dejen a la gente boquiabierta. Creo que se lo debemos a nuestros hijos y a nuestros nietos. Imagínate los cuentos que les debe haber contado Benaía a la hora de ir a la cama. Casi puedo oír a su esposa monitoreándolo: *Acuérdate, Benaía, que solo tienen cuatro y cinco años. No los asustes demasiado.*

Muchos de nosotros oramos como si el principal objetivo de Dios fuera impedir que pasemos sustos. Sin embargo, la meta de la vida no está en la eliminación de los temores. La meta está en reunir la valentía moral suficiente como para perseguir leones.

Por supuesto, no te estoy sugiriendo que saltes una cerca en el zoológico de tu ciudad. Por favor, hazle caso al cartel de advertencia que está puesto fuera de la jaula de los leones. Lo que sí me preocupa es que las iglesias se hayan convertido en fortines donde buscamos refugio, cuando en realidad hemos sido llamados a tomar por asalto las puertas del infierno. ¿Suena seguro? No me puedo imaginar una misión más atrevida ni peligrosa.

A decir verdad, la alternativa al temor es el aburrimiento. Y el aburrimiento no es solamente aburrido. ¡El aburrimiento es inexcusable! Søren Kierkegaard llegó incluso a decir que «el aburrimiento es la raíz de toda maldad», porque significa que nos estamos negando a ser quienes Dios quería que fuéramos cuando nos hizo. Si te sientes aburrido, puedes dar algo por seguro: No estás siguiendo las huellas de Cristo.

En algún momento de tu vida tienes que escoger entre el temor y el aburrimiento.

Los cazadores de leones escogen el temor.

Revisión del capítulo 3

Puntos a recordar

- No permitas que tus leones mentales te impidan experimentar todo lo que Dios te está ofreciendo.
- Una mitad del crecimiento espiritual consiste en aprender lo que no sabemos. La otra mitad consiste en desaprender lo que sí sabemos.
- El no desaprender los temores irracionales y los conceptos erróneos es lo que impide que lleguemos a ser los que Dios quiere que seamos.
- Cuando leemos las Escrituras, nuestro cerebro se reorganiza internamente en sintonía con la Palabra, y se desarrolla en nosotros la mente de Cristo.
- La meta de la vida no está en la eliminación de los temores. La meta está en reunir la valentía moral suficiente como para perseguir leones.

Comienza la caza

Mark afirma que «una de las cosas más grandiosas que te podrían suceder es que tu temor se convierta en realidad». Ahora que has leído este capítulo, ¿crees que esas palabras son ciertas? ¿Cuál es el temor que te parece más abrumador a ti en la actualidad? ¿Qué piensas que podrías ganar si ese temor se convirtiera en una realidad?

CAPÍTULO 4

EL ARTE DE REPLANTEAR

La mente es su propio lugar y, en sí misma, puede
hacer del cielo un infierno o un infierno del cielo.
JOHN MILTON

En el año 1996, heredé un pequeño grupo básico de personas y comencé a servir como pastor general en la congregación National Community Church. Tuvimos unos comienzos que no auguraban nada importante. Nuestro primer domingo fue en el fin de semana en que la tormenta de nieve de ese año dejó caer unas cantidades nunca vistas sobre Washington D.C. Solo tres personas logramos llegar a la iglesia en nuestro primer domingo: mi esposa, mi hijo Parker y yo. Por supuesto, la mejor parte de eso fue que en nuestro segundo domingo experimentamos un crecimiento del seiscientos treinta y tres por ciento, cuando asistimos diecinueve personas.

Durante los nueve primeros meses, nuestra asistencia promedio era de veinticinco personas. Incluidos el Padre, el Hijo y el Espíritu Santo en un buen domingo. Yo solía cerrar los ojos en adoración, porque era demasiado deprimente mantenerlos abiertos. Detesto admitir esto pero, con franqueza, no pienso que habría asistido a la iglesia de no ser porque yo era el pastor.

Según los expertos en demografía eclesial, más de la mitad de las fundaciones de iglesias nunca llegan a ver su segundo año. Y cuando miro por el retrovisor, puedo ver cómo la NCC habría podido reafirmar fácilmente esa estadística. Durante aquellos primeros meses, en realidad, no sentía que fuera pastor, y la NCC tampoco se sentía como iglesia. Nos sentíamos como si nos hubieran tirado al extremo más hondo de una piscina y ninguno de nosotros supiera nadar. Solo estábamos dando manotazos para mantener la cabeza fuera del agua.

Entonces, en septiembre de 1996, pasamos por algo que percibí como un inmenso problema. La persona encargada de alquilar las escuelas públicas nos dejó un mensaje en el teléfono para informarnos que la escuela pública del D.C. donde nos habíamos estado reuniendo se iba a cerrar debido a violaciones del código del cuerpo de bomberos. Quisiera poder decir que mi reacción inicial fue una reacción de fe. Pero lo cierto es que me entró una desagradable sensación en la boca del estómago. Ni siquiera nos sentíamos iglesia todavía y estábamos a punto de quedarnos en la calle. Las siguientes son las palabras que escribí en mi diario el 27 de septiembre de 1996: «Siento que nos han hecho retroceder hasta arrinconarnos».

En verdad, parecía como si hubiera caído en un foso donde había un león, en un día de nieve.

Sin embargo, lo que yo veía como un problema de enormes proporciones resultó ser una oportunidad de doscientos kilos. Comenzamos a explorar las posibilidades de alquilar un local en Capitol Hill, y solo se nos abrió una puerta: los cines de Union Station.

Pensando en lo sucedido, ahora no me puedo imaginar una ubicación más estratégica para fundar una iglesia. Union Station es el punto de destino más visitado de Washington D.C. Más de veinticinco millones de personas pasan por esa estación cada año. Tenemos nuestro propio estacionamiento, sistema de ferrocarril metropolitano y parada de ómnibus. Hay cuarenta restaurantes reunidos en una sola plaza justo enfrente de la marquesina de nuestro cine. Y la estación se halla situada de forma estratégica a cuatro calles del Capitolio y a cuatro del refugio de menesterosos más grande de toda la ciudad.

Dios nos ubicó de manera perfecta en medio de la plaza del mercado; no habríamos querido estar en ningún otro lugar. Celebrar los cultos de la iglesia en medio de la plaza del mercado es algo que forma parte de nuestro ADN. De hecho, nuestra visión a largo plazo es reunirnos en cines que se encuentren junto a estaciones del ferrocarril metropolitano de toda la zona del D.C. Pero el asunto es este: Hizo falta un revés para llevarnos donde Dios quería que fuéramos. Hizo falta una oportunidad dispuesta por Dios, que nos llegó muy bien disfrazada de problema.

Nunca olvidaré lo que sentí cuando salía de Union Station el día en que firmé el contrato de alquiler con el cine. Claro que estaba asustado. Sentí como si estuviéramos persiguiendo un león. La oportunidad me parecía demasiado grande para nosotros. Sin embargo, también tenía una abrumadora sensación de que ese era nuestro destino.

Cuando salí de la estación, me detuve junto a un quiosco para conseguir el libro *A History of Washington's Grand Terminal* [Una historia de la Gran Terminal de Washington]. Soy aficionado a la historia, y quería saber un poco más acerca del lugar donde íbamos a establecernos y celebrar nuestros cultos. Así que abrí el libro al azar y la primera página era una reproducción de la ley del Congreso que legislaba la creación de Union Station. Estaba firmada por Theodore Roosevelt el 28 de febrero de 1903 y decía: «Una ley del congreso para crear una Estación de la Unión, y para otros propósitos».

Aquellas palabras finales —«y para otros propósitos»— saltaron de la página para entrar en mi espíritu.

Más de cien años después de firmada aquella ley, la Union Station está sirviendo a los propósitos de Dios por medio del ministerio de National Community Church. No creo que Theodore Roosevelt supiera que estaba edificando una especie de iglesia. Y sin duda, el Congreso no sabía que estaba financiando una campaña para edificar una iglesia. Pero no me queda duda alguna de que Dios sabía exactamente lo que ellos estaban edificando. Estaba arreglando las cosas para National Community Church casi cien años antes de que nosotros llegáramos a este mundo. Estaba trabajando tras bambalinas; organizando las circunstancias. Y eso mismo es lo que está haciendo Dios contigo. Pero este es el asunto: Muchas veces, las oportunidades parecen ser obstáculos insuperables. Así que, si queremos aprovecharlas, tenemos que aprender a ver los problemas de una nueva manera: la manera de Dios. Entonces, es posible que nuestros mayores problemas comiencen a parecer nuestras mayores oportunidades.

Analiza de nuevo lo que es la oración

Si hiciéramos una evaluación sincera de nuestra vida de oración, creo que nos asombraríamos ante el porcentaje de nuestras oraciones que van dirigidas a la *reducción de problemas*. La mayoría de nosotros pensamos que Dios nos mantiene fuera de los fosos donde hay leones y está nevando. Le pedimos ayuda a Dios para no tropezarnos con guerreros egipcios gigantes armados de lanza. Y si tenemos que pelear con un moabita, le pedimos a Dios que se asegure de que los números estén a favor nuestro. Pero si estos problemas solo son oportunidades bajo un disfraz, nuestras oraciones van en una dirección totalmente equivocada.

En parte, me pregunto si David no sentiría una afinidad especial hacia Benaía. Él había sido antes guardaespaldas, como Benaía. Y ambos formaban parte del exclusivo gremio de cazadores de leones. Casi como sucede con el efecto de las trincheras sobre los soldados que se enfrentan juntos a la muerte, había un lazo único entre David y Benaía. Eran almas gemelas. Y como le había sucedido a Benaía, había sido un encuentro con un león lo que había preparado a David para su gran momento, su gran oportunidad.

Mucho antes de convertirse en rey, David no era más que un sencillo chico pastor. Mientras sus hermanos estaban en la línea de batalla peleando con los filisteos, David estaba atascado en otro lugar cuidando de las ovejas. Se sentía como si lo hubieran sacado a pastar, pero Dios estaba perfeccionando en él una capacidad poco corriente que lo haría saltar hacia el centro de la fama en su nación.

Justo antes de su colosal batalla con Goliat, David logró relacionar sus problemas del pasado con su oportunidad del momento. Revisó su currículum para que Saúl lo dejara pelear con Goliat:

«A mí me toca cuidar el rebaño de mi padre. Cuando un león o un oso viene y se lleva una oveja del rebaño, yo lo persigo y lo golpeo hasta que suelta la presa. Y si el animal me ataca, lo sigo golpeando hasta matarlo. Si este siervo de Su Majestad ha matado leones y osos, lo mismo puede hacer con ese filisteo pagano, porque está desafiando al ejército del Dios viviente. El Señor, que me libró de las garras del león y del oso, también me librará del poder de ese filisteo».

Tal vez solo esté leyendo entre líneas, pero tengo una corazonada. A mí me parece que David oraba por sus ovejas. No lo puedo demostrar, pero creo que tenía unas cuantas buenas razones para hacerlo. ¿Qué niño no ora por sus animales favoritos? Yo creo que David amaba a sus ovejas y oraba por ellas, como nosotros amamos a nuestros animales domésticos y oramos por ellos. Además de eso, las ovejas de David eran su sustento. Así como el granjero ora por sus cosechas, el pastor ora por su rebaño. De hecho, me atrevo a decir que David oraba de manera específica para que Dios protegiera su rebaño, manteniendo alejados de él a los leones y los osos. Tiene sentido, ¿no es cierto? Pero las oraciones de David no tenían respuesta. En numerosas ocasiones hubo leones y osos que atacaron su rebaño. Me pregunto si alguna vez le preguntó a Dios: ¿Por qué no respondes mis oraciones cuando te pido seguridad?

La respuesta a esa pregunta le vino a David mientras se estaba preparando para enfrentar a Goliat. Se dio cuenta de que dos más dos son cuatro. Vio la forma en que sus respuestas no escuchadas en realidad lo habían estado preparando para una oportunidad única en su vida. Cada vez que un león o un oso atacaban a su rebaño, David sacaba una piedra de su zurrón de pastor, la ponía en su honda, apuntaba y la lanzaba. Aquello era como una serie de juegos de calentamiento para la temporada en que tendría un juego decisivo, de vida o muerte, con los gigantes, cuyo líder era Goliat.

Al final de nuestra vida, nosotros también como David le daremos gracias a Dios por los leones, los osos y los gigantes. Y como Benaía, le daremos gracias por los fosos, los leones y los días de nieve. Tal vez esto te parezca un poco sádico, pero sigue la lógica: Son nuestros problemas del pasado los que nos preparan para las oportunidades del futuro. Así que algún día es posible que nos sintamos tan agradecidos por las cosas malas como por las buenas, porque esas cosas malas nos han ayudado a prepararnos para las buenas.

A primera vista, ir a caer en un foso con un león en un día de nieve es un problema gigantesco. ¡De hecho, para la mayoría de nosotros sería el último problema que tendríamos en la vida! Sin embargo, a veces los mayores problemas son los que le presentan a Dios las mayores oportunidades para revelar su gloria y poner por obra sus propósitos. A nadie le agrada estar en un foso, o que lo envíen a pastorear un rebaño, pero tal vez Dios esté desarrollando en nosotros un carácter y perfeccionando unas capacidades que nos servirán más tarde en la vida.

La ley de las consecuencias no intencionales

En sus *Cartas a Malcolm*, C. S. Lewis decía: «Si Dios me hubiera concedido todas las tonterías que le he pedido en mis oraciones, ¿dónde estaría yo ahora?» Lewis llegó incluso a decir que algún día estaremos más agradecidos por nuestras oraciones que *no* recibieron respuesta, que por las que sí la recibieron. La razón de eso es simple: Muchas de nuestras oraciones son desacertadas. Oramos para pedir consuelo, en lugar de pedir carácter. Oramos para salir con facilidad de una situación, en lugar de pedir la fortaleza necesaria para atravesarla. Oramos para no sentir dolor, cuando el resultado no sería ganancia alguna. Oramos para que Dios nos aparte de los fosos y de los leones. Pero si Dios respondiera nuestra oración, nos estaría privando de nuestras mayores oportunidades. Muchas de nuestras oraciones crearían un corto circuito en los planes y propósitos de Dios para nuestra vida, si Él las respondiera. Tal vez deberíamos dejar de pedirle a Dios que nos *saque* de las circunstancias difíciles, para preguntarle qué quiere que hagamos para *salir* nosotros mismos de esas circunstancias.

La mayoría de nosotros culpamos a esas circunstancias cuando las cosas no van bien, igual que culpamos al árbitro cuando el juego no va a favor nuestro. Buscamos algún chivo expiatorio. Sin embargo, tal vez nuestro problema no sean las circunstancias. Tal vez el problema sea nuestra perspectiva.

Recuerda el capítulo dos. Dios tiene una perspectiva de trescientos sesenta grados en todas las cosas. Él tiene en cuenta todas las contingencias posibles. Lo ve absolutamente todo en todas las cosas: cada uno de los asuntos, cada una de las personas, cada una de las experiencias, cada uno de los problemas. La mayoría de nosotros vemos una porción muy estrecha de la realidad. Los mejores y más brillantes de entre nosotros tal vez tengan un ángulo de visión de un solo grado. Es como si estuviéramos mirando por una mirilla. Entonces, ¿por qué damos por sentado que aquello por lo que oramos es siempre lo mejor para nosotros? Si pudiéramos ver lo que ve Dios, haríamos unas oraciones muy diferentes.

¿Recuerdas la historia del antiguo rey de Frigia llamado Midas? Según la leyenda, Midas amaba tanto el oro, que cuando el dios Dionisio le dijo que le concedería un deseo, Midas le pidió que todo lo que él tocara se convirtiera en oro. Al principio, Midas se sentía encantado con lo que había pedido, pero cuando descubrió que al tocar la comida la hacía imposible de comer, y que su abrazo dejaba sin vida a sus seres amados, se tropezó con lo que el sociólogo Robert Merton llamó la ley de las consecuencias no intencionales. Al igual que en el caso de Midas, el que consigamos lo que queremos puede tener unos resultados imprevisibles y unas consecuencias indeseables. Y baste de hablar del toque de Midas.

Algunas veces, una oración no respondida se debe a que Dios, en su soberana sabiduría, nos está ahorrando la angustia de unas consecuencias no intencionales. A veces Dios permite lo que su poder podría evitar. La mayoría de las veces, eso nos produce una gran angustia temporal, pero algún día le hemos de dar tantas gracias a Dios por las oraciones que *no* nos respondió, como por las que respondió.

Tal vez la oración tenga menos que ver con un cambio en nuestras circunstancias, que con un cambio en nuestra perspectiva. La mayoría de nuestros problemas no son productos secundarios de nuestras circunstancias, sino de nuestra perspectiva con respecto a esas circunstancias. Tal vez necesitemos dejar de hacer *oraciones seguras*.

La adoración es el camino de salida

En Hechos 16, Pablo y Silas están atados a unos cepos en una mazmorra de Filipos. Aquella no era una cárcel de cinco estrellas. Era un agujero infernal. Ir a caer a una prisión del Oriente Medio en la antigüedad no era mucho mejor que caer en un foso con un león y, además, nevando.

Pocas horas antes, Pablo había echado fuera un demonio de una joven que adivinaba la fortuna, y a su amo no le agradó porque aquella esclava, con sus adivinaciones, era una buena fuente de ingresos. Así que Pablo y Silas fueron arrestados.

«Entonces la multitud se amotinó contra Pablo y Silas, y los magistrados mandaron que les arrancaran la ropa y los azotaran. Después de darles muchos golpes, los echaron en la cárcel, y ordenaron al carcelero que los custodiara con la mayor seguridad. Al recibir tal orden, éste los metió en el calabozo interior y les sujetó los pies en el cepo».

Si yo hubiera sido Pablo o Silas, habría estado física, emocional y espiritualmente exhausto. Estaría agotado al máximo. No me quedaría nada por dentro. La espalda me estaría sangrando aún por los azotes, y estaría en una celda de máxima seguridad. Si yo hubiera sido Pablo o Silas, no solo estaría encolerizado a causa de la multitud. Estaría algo molesto porque Dios no me había mantenido alejado de aquel desastre. Al fin y al cabo, lo que ellos estaban haciendo era predicar el evangelio.

Las circunstancias no se pueden poner peor que en aquella ocasión. Y por eso la reacción de Pablo y Silas es tan extraordinaria. De haber estado yo en su lugar, tal vez el versículo diría: «Alrededor de la medianoche, Mark se estaba quejando de las circunstancias». Pero no fue eso lo que sucedió con Pablo y Silas.

«A eso de la medianoche, Pablo y Silas se pusieron a orar y a cantar himnos a Dios, y los otros presos los escuchaban».

Permíteme hablarte de algo que he aprendido en algunas de mis luchas personales. Cuando me desplomo espiritual o emocionalmente, suele ser porque me he enfocado en el problema. Estoy fijando toda mi atención en algo que no me gusta de mí mismo, de alguna otra persona o de mis circunstancias. Y nueve de cada diez veces, la solución consiste en ampliar la visión para poder lograr una perspectiva mejor.

Entonces, ¿cómo ampliamos la visión? La respuesta consta de una sola palabra: *adorando*.

Hace unos años tuve un pensamiento que se ha convertido en una especie de lema en National Community Church: No permitas que lo que anda mal en ti te impida adorar lo que anda bien en Dios.

Replantear de nuevo los problemas es cambiar de enfoque. Dejas de enfocarte en lo que tienen de malo tus circunstancias, y comienzas a enfocarte en lo que hay de bueno en Dios.

Pablo y Silas se habrían podido centrar en sus circunstancias y quejarse de ellas. *Echamos fuera un demonio, ¿y qué es lo que conseguimos? Estamos en un viaje misionero, ¿y nos azotan para meternos después en la cárcel? ¡En vez de que Dios nos guarde las espaldas, ahora resulta que las tenemos todas ensangrentadas por los azotes!* Se habrían podido estar quejando hasta el día del juicio por la tarde. Pero decidieron adorar a Dios a pesar de sus circunstancias. Y con frecuencia, esa es la decisión más difícil y más importante que podemos tomar.

La adoración consiste en ampliar nuestra visión y enfocarnos de nuevo, esta vez en el cuadro general. Consiste en enfocarme esta vez en el hecho de que hace dos mil años, Jesús murió en la cruz para pagar el castigo por mi pecado. Consiste en enfocarme de nuevo en el hecho de que Dios me ama de manera incondicional cuando menos lo espero y menos lo merezco. Es enfocarme de nuevo en el hecho de que tengo una eternidad con Dios que esperar con ansias, y que será en un lugar donde no habrá angustia, dolor ni sufrimiento.

La adoración consiste en olvidar lo que anda mal en tu vida y recordar lo bueno que hay en Dios. Es como apretar la tecla de «refrescar» en tu computadora. Te restaura el gozo de tu salvación. Es calibrar de nuevo tu espíritu. Es renovar tu mente. Y te capacita para que halles algo bueno con lo cual alabar a Dios, aun cuando todo parezca ir mal.

¿Que si es fácil? Por supuesto que no. No hay nada más difícil que alabar a Dios cuando nada parece ir bien. Pero una de las formas más puras de la adoración consiste en alabar a Dios, incluso cuando no tengas ganas de hacerlo, porque eso demuestra que tu adoración no depende de las circunstancias.

La capacidad de respuesta

Considero que *El hombre en busca de sentido* es uno de los libros que más me han puesto a pensar entre todos los que he leído en mi vida. En él, Viktor Frankl, sobreviviente del Holocausto, escribe acerca de sus experiencias en un campo de concentración nazi.

A los prisioneros judíos se les despojaba de todo. Les arrancaban la ropa, las fotografías y todas sus pertenencias personales. Sus captores nazis les quitaban incluso el nombre y les daban un número. Frankl era el número 119.104. Sin embargo, Frankl dice que hubo una cosa que los nazis no les pudieron quitar: «A un hombre se lo pueden quitar todo, menos una cosa: la última de las libertades humanas, que es escoger su actitud en medio de un determinado conjunto de circunstancias».[1]

La decisión más importante que tomas todos los días es tu actitud. Tus actitudes internas son mucho más importantes que tus circunstancias externas. El gozo es ver *la mente dominar a la materia*.

Un fascinante estudio hecho por la profesora Vicki Medvec revela la importancia relativa que tienen las actitudes subjetivas sobre las circunstancias objetivas. Medvec estudió a los ganadores de medallas olímpicas y descubrió que los que habían ganado una medalla de bronce eran notablemente más felices que los que habían ganado una de plata. He aquí el porqué: Los que ganaban medallas de plata tendían a centrarse en lo cerca que habían estado de ganar la de oro, de manera que no se sentían satisfechos con la de plata. En cambio, los que habían ganado la de bronce tendían a centrarse en lo cerca que habían estado de no ganar medalla alguna, de manera que se sentían felices de estar en el podio de los ganadores de medallas.[2]

La forma en que nos sentimos no está determinada por las circunstancias objetivas. Si fuera ese el caso, los ganadores de la medalla de plata siempre se sentirían más felices que los ganadores de la de bronce porque han obtenido unos resultados objetivamente mejores. Pero la forma en que nos sentimos no es circunstancial. Es perceptual. Nuestros sentimientos son determinados por nuestro enfoque subjetivo.

De vez en cuando uno de nuestros hijos se siente desanimado porque se enfoca en lo que le está haciendo sentir triste. Entonces saco a relucir unas palabras de la película *La Guerra de las Galaxias*. Les digo: «Chicos, recuerden lo que Qui-gon le dijo a Anakin: "Tu enfoque determina tu realidad"». Al principio, mis hijos se sentían algo estupefactos, pero les fui explicando que la forma en que se sienten es resultado de aquello en lo que se enfocan.

Nunca me deja de asombrar cómo la misma adversidad puede afectar de maneras tan diferentes a dos personas: lo que envenena a una persona hasta la muerte, es lo mismo que endulza el espíritu de la otra. Una persona desarrolla un alma crítica y se encoge espiritualmente, mientras que la otra utiliza la experiencia como un catalizador espiritual.

Cuando nos mudamos al D.C. después que me gradué del seminario, dirigí un ministerio paraeclesial llamado Centro Urbano de Entrenamiento Bíblico. Tenía un estudiante nigeriano que andaría alrededor de los sesenta y cinco años. Apenas podía hablar o caminar debido a varios derrames cerebrales que habían afectado su capacidad motora y su capacidad para el habla. Todavía recuerdo haber subido con él las escaleras. Cada paso que daba era un logro. Algunas veces lo llevaba hasta su casa en mi auto al terminar la clase, y como su pierna derecha estaba tan atrofiada por la falta de uso, yo tenía que ayudarlo físicamente levantándola para ponerla dentro del auto. Nada era fácil para él.

Un día lo recogí en el edificio de viviendas públicas donde estaba viviendo; nunca olvidaré el sombrero que llevaba puesto. Tal vez fuera la yuxtaposición la que me sorprendió. Él apenas podía caminar. Apenas podía hablar. Y estaba viviendo de la beneficencia pública. Sin embargo, llevaba puesto un sombrero que decía: «Dios es bueno». Y no solo llevaba el sombrero, sino que llevaba a la práctica lo que decía. No he conocido mucha gente tan animada y optimista con la vida.

Ese momento ha quedado petrificado en mi memoria. Fue uno de esos instantes en los cuales el Espíritu Santo lo cubre a uno de una manera tan profunda, que nunca lo podrá olvidar. En realidad, tuve que contener las lágrimas. Y recuerdo haber pensado: *¿Qué derecho tengo yo a quejarme de nada?* Cada vez que me siento con ganas de llorar por lástima, pienso en «el incidente del sombrero» y eso me ayuda a replantear de una manera nueva mis problemas.

Me parece que en el mundo existen básicamente dos tipos de personas: los quejicosos y los adoradores. Y no hay muchas diferencias entre ambos grupos en lo que a circunstancias se refiere. Los quejicosos siempre hallarán algo de qué quejarse. Los adoradores siempre hallarán algo sobre lo cual alabar a Dios. Sencillamente, tienen unas posiciones básicas diferentes.

Pablo y Silas eran adoradores. Tenían encadenados las manos y los pies, pero al espíritu humano es imposible encadenarlo. ¿No te encantaría escuchar una pista con su sonido? Me habría gustado tener la grabación de Pablo y Silas cantando. No creo que fueran precisamente el grupo musical de los muchachos *NSYNC. De hecho, estoy seguro de que cantaban desafinados. Pero cantaban con una convicción tal que hizo que los demás prisioneros se pusieran a escucharlos. Alababan a Dios con toda la fuerza de sus pulmones y eso puso en marcha una reacción en cadena. Eso es lo que hace la adoración. *Cambia* la atmósfera espiritual. *Carga* la atmósfera espiritual.

«De repente se produjo un terremoto tan fuerte que la cárcel se estremeció hasta sus cimientos. Al instante se abrieron todas las puertas y a los presos se les soltaron las cadenas».

Cuando adoras, tu adoración produce unas ondas de choque que se registran en la escala Richter. Las puertas de la prisión se abren de golpe. Las cadenas caen al suelo. Pero los prisioneros no se marchan. En una de las historias de conversiones más asombrosas que aparecen en las Escrituras, el carcelero que estaba a punto de suicidarse depositó su fe en Cristo, y fue bautizado con toda su familia en medio de la noche. ¡Es imposible hacer un guion para este tipo de historias! Pero cuando adoras a Dios en las peores circunstancias, nunca sabes lo que va a suceder después.

Te dejo un pensamiento: Las circunstancias de las que te quejas se convierten en cadenas que te mantienen prisionero. Y la manera de salir de esa situación es mediante la adoración. La adoración pone tus problemas dentro de un marco nuevo y le da un nuevo enfoque a nuestra vida. Nos ayuda a atravesar los días malos al recordarnos lo bueno que es Dios.

Y cuando eres un adorador, tienes los ojos más abiertos para darte cuenta de los milagros que están sucediendo a tu alrededor todo el tiempo. De una manera u otra, tu enfoque es el que determina tu realidad. El resultado final de tu vida será determinado por la perspectiva que tengas sobre ella.

EL POTENCIAL PARA LOS PROBLEMAS

Todos querríamos que cada día que pasa fuera uno bueno. Pero si cada día fuera un buen día, entonces no habría días «buenos», porque no habría ninguno malo con el cual comparar los buenos. Son los días malos los que nos ayudan a valorar los días buenos.

He aquí lo que he aprendido a través de mi experiencia. La enfermedad nos ayuda a valorar la salud. El fracaso nos ayuda a valorar el éxito. La deuda nos ayuda a apreciar la riqueza. Y los tiempos difíciles nos ayudan a valorar los buenos tiempos. Sencillamente, así es como son las cosas. También he aprendido que nuestros días peores se pueden convertir en los mejores.

Cada año celebro dos cumpleaños en dos días distintos. Mi cumpleaños real lo celebro el cinco de noviembre, pero el veintitrés de julio es mi segundo cumpleaños.

En el verano del año 2000, llegué a tocar a las puertas de la muerte, y la cerradura estaba comenzando a girar para abrirlas. Estaba sintiendo unos fuertes dolores abdominales. Las cosas se fueron empeorando cada vez más, hasta que llegó el domingo 23 de julio. Aquella mañana traté de predicar, pero solo pude pronunciar una frase antes de tener que salir caminando de Union Station, doblado con aquellos terribles dolores.

Por la tarde fui a la sala de emergencias, pero tuve que esperar hasta media noche para que una resonancia magnética revelara lo que me estaba pasando. Un médico abrió la cortina, me habló y no se anduvo con rodeos. Me dijo que tenía una hernia intestinal y que necesitaba cirugía de emergencia inmediatamente. Aunque no recuerdo con exactitud las palabras que dijo, nunca olvidaré la expresión de su rostro. Por ella me di cuenta de que mi situación amenazaba mi vida.

Dicho sea de paso, el nombre de mi cirujano era Jesús. No estoy de broma. Sé que la versión en español se pronuncia distinto a la versión en hebreo, pero sentí que era la manera que Dios tuvo de decirme que todo iba a salir bien. De manera que me siento agradecido a Jesús y a Jesús porque superé aquella noche.

Estuve conectado a una máquina de respiración durante dos días, perdí doce kilos en siete días, tuve que soportar los efectos de una colostomía durante seis meses, y me dejó una cicatriz de casi cincuenta centímetros en el lugar donde me habían cortado treinta centímetros de intestinos.

La hernia intestinal se hallaría en el primer lugar entre mi lista de las peores cosas que me han sucedido en toda mi vida. Pero también querría decir que fue una de las mejores que me han sucedido. Es difícil dar por segura la vida cuando uno ha estado a punto de morir. Ahora disfruto más la vida, porque he llegado a un entendimiento con mi propia mortalidad. En palabras del filósofo Walter Kaufman: «La vida es mejor cuando uno ha tenido una cita con la muerte».[3] Por supuesto, no estoy recetándole a nadie que tenga experiencias cercanas a la muerte, pero lo que dice Kaufman es cierto. Ahora soy diferente porque tuve una cita con la muerte.

El 23 de julio del año 2000 habría podido y debido ser la fecha de mi certificado de defunción. Y a nadie le habría deseado que pasara por lo que pasé yo. Pero he descubierto que los peores días se pueden convertir realmente en los mejores, si aprendemos las lecciones que Dios nos está tratando de enseñar. Él quiere que aprendamos a ver las malas experiencias a través del bien que hayamos obtenido de ellas.

El efecto de la adversidad

Para la mayor parte de nosotros, aterrizar en un foso con un león en un día nevado sería algo que se calificaría sin dudas como mala suerte. Pero hay algo que necesitas tener en cuenta: Fue la adversidad la que le dio a Benaía una oportunidad para distinguirse como guerrero. La ausencia de adversidades es igual a la ausencia de oportunidades. Sin esas condiciones tan extremadamente adversas, Benaía habría desaparecido por completo del guion de las Escrituras.

Con frecuencia, la adversidad es el semillero de las oportunidades. Las malas circunstancias tienen su manera de sacar de nuestro interior lo mejor de nosotros. Los leones salvajes hacen guerreros valientes, de la misma manera que los mares agitados hacen grandes marinos. Muchas veces la adversidad es una bendición disfrazada.

Nosotros soñamos con una gravedad cero. Nos imaginamos lo que sería la vida sin ningún problema, asunto que resolver o desafío. Sin embargo, desde un punto de vista biológico, la gravedad cero es un peligro para nuestra salud. Los astronautas que pasan un tiempo en una gravedad cero experimentan serias complicaciones médicas. Sin resistencia alguna, pierden masa muscular y densidad ósea; experimentan un número excesivo de pulsaciones y palpitaciones del corazón, y cuando vuelven a entrar a la atmósfera de la tierra, apenas pueden caminar.

Aunque soñemos con la gravedad cero, lo que necesitamos en realidad es una dosis saludable de adversidades. Necesitamos tener algunos moabitas con los cuales luchar, y unos cuantos leones que perseguir.

Estoy seguro de que Benaía tenía todo el cuerpo cubierto de cicatrices. Es probable que permaneciera en el hospital tanto tiempo como Evel Kneivel. Pero con cada reto al que se enfrentaba Benaía, aumentaba su capacidad y se reafirmaba su seguridad. Cada batalla lo preparaba para la siguiente pelea. Y esa biblioteca acumulada de experiencia en el campo de batalla le fue de gran utilidad como comandante en jefe del ejército de Israel.

Estoy convencido de que la gente que Dios usa más, es con frecuencia la que ha pasado por más adversidades. No es esto precisamente lo que yo quisiera escribir, y tampoco es precisamente lo que tú quisieras leer, pero es cierto. La adversidad puede producir un aumento en nuestra capacidad para servir a Dios.

Alrededor de principios del siglo veinte, el psicoanalista Alfred Adler llevó a cabo un fascinante proyecto de investigación que popularizó la teoría de la compensación. Estudió a los estudiantes de arte y descubrió que el setenta por ciento de ellos sufrían de anomalías ópticas. Encontró indicios de degeneración en los oídos de grandes compositores, como Mozart y Beethoven. Y citó numerosos ejemplos de personas que terminaron triunfando en aquel aspecto que constituía su mayor debilidad. Adler creía que los defectos de nacimiento, la pobreza, la enfermedad y las circunstancias negativas resultan ser con frecuencia el trampolín para llegar al éxito.

¿En cuáles fosos has caído tú? ¿Con cuáles leones te has encontrado? ¿A qué gigantes te has enfrentado? Dios quiere redimir las adversidades por las que has pasado. Quiere reciclar tu adversidad y convertirla en un ministerio.

Yo conozco a muchos cuyas adversidades se han convertido en su ministerio. Pasan por un doloroso divorcio, o por la muerte de un hijo, o por una adicción destructora, pero Dios los ayuda a salir del foso para que puedan ayudar a otros que se encuentren en circunstancias similares. Dios se dedica a reciclar nuestras angustias y usarlas para provecho de otras personas. Después de retirarse de su carrera de consejería, al influyente psiquiatra Carl Jung le preguntaron cómo ayudaba a las personas a sanar. Su respuesta fue profunda:

La mayor parte de la gente acudía a mí con un problema imposible de superar. Sin embargo, lo que sucedía era que a medida que íbamos trabajando juntos, descubrían algo más importante que el problema. Entonces el problema perdía su poder y desaparecía.

Y ahora, aquí está lo que necesitas comprender: Si no conviertes tus adversidades en un ministerio, entonces tu dolor seguirá siendo tu dolor. En cambio, si le permites a Dios que traduzca en un ministerio tus adversidades, entonces tu dolor se convertirá en ganancia para otras personas.

Yo tengo una teoría: Mientras más problemas tengas, más potencial tendrás para ayudar a la gente.

Uno de los errores más paralizantes que cometemos es el de pensar que nuestros problemas nos descalifican de alguna manera para que Dios nos pueda usar. Permíteme decirte las cosas como son: Si no tienes ningún problema, no tendrás ningún potencial. He aquí por qué: Tu capacidad para ayudar a sanarse a otros se limita al lugar donde has sido herido.

«[Dios] nos consuela en todas nuestras tribulaciones para que con el mismo consuelo que de Dios hemos recibido, también nosotros podamos consolar a todos los que sufren».

Nadie despliega la alfombra roja para invitar a las tragedias a entrar en su vida, pero muchas veces, nuestros dones y pasiones mayores son un producto secundario de nuestras peores tragedias y nuestros mayores fracasos. Las pruebas tienen su manera de ayudarnos a descubrir de nuevo la razón por la que estamos en esta vida.

La remodelación

Cuando estaba en la escuela secundaria, en el décimo grado, me rompí un tobillo jugando baloncesto. En realidad, solamente estaba corriendo por la cancha en una de nuestras prácticas y tropecé con una línea que había en el suelo. ¡Mi ego me dolió más que el tobillo! Me pasé todo el mes siguiente enyesado, y recuerdo haberle hecho preguntas a Dios. Al fin y al cabo, Él habría podido evitar que aquello sucediera. Sin embargo, aquel tobillo roto resultó ser una bendición disfrazada.

Cuando me rompí el tobillo izquierdo, tuve puesto el yeso durante cuatro semanas, así que me pasé ese tiempo dando saltos con la pierna derecha. Nuestra escuela secundaria tenía tres pisos, y daba la impresión de que todas mis clases iban alternando por distintos pisos en aquel semestre. Así que subía y bajaba las escaleras dando saltos cada vez que terminaba una clase. Fui una especie de palo de pogo humano durante todo un mes.

Ahora bien, este es el asunto: Durante años yo había tratado de hacer mates en la canasta con la pelota. Era algo así como mi santo grial. E irónicamente hizo falta que me rompiera un tobillo para lograr aquella meta por vez primera. Lo que parecía un revés se convirtió en un trampolín. La primera vez que logré hacer un mate, llevaba todavía el yeso puesto en el tobillo izquierdo. He aquí lo que sucedió: Sencillamente, mi cuerpo compensó su problema. Cuando uno está lesionado en un lugar, tiene que sacar más fuerzas de otro. La pierna derecha se fortaleció para compensar el tobillo izquierdo que tenía fracturado. Fue esa fractura la que en realidad aumentó mi capacidad.

En el mundo del entrenamiento a la fortaleza, esto es llamado «principio de supercompensación». Cuando un atleta es obligado a ir más allá de su umbral de dolor y de agotamiento, el cuerpo realiza una compensación. Mientras más rasgado esté un músculo, más se reedifica al volver a sanar. Lo mismo es cierto con respecto a nuestros huesos. Los doscientos seis huesos que hay en nuestro cuerpo están pasando constantemente por un proceso llamado «remodelación». Los están rompiendo continuamente los osteoclastos y los están reconstruyendo los osteoblastos. El proceso de remodelación se intensifica cuando se rompe un hueso. Una cantidad extra de osteoblastos ayuda a reconstruirlo. Hay un período de debilidad en el cual el hueso se encuentra más vulnerable ante la posibilidad de una nueva lesión. Por eso usamos el yeso. Pero al final, el hueso termina estando más fuerte de lo que era antes porque el cuerpo compensa por encima de la situación anterior. Es muy raro que un hueso se rompa en el mismo lugar dos veces, porque es más grueso y más fuerte de lo que era antes de romperse por vez primera.

Casi como sucede con un hueso roto que necesita reajuste, Dios nos quebranta cuando necesitamos ser quebrantados. Hace una fractura en el orgullo, la lujuria y la ira que tenemos en nuestra vida, pero la hace para remodelarnos a su imagen. Y una vez que nos sanamos, terminamos siendo más fuertes de lo que éramos cuando comenzó todo.

«Porque a ustedes se les ha concedido no sólo creer en Cristo, sino también sufrir por él».

El verbo *conceder* traduce el verbo griego *jarídzomai*, que significa literalmente «otorgar un favor». La primera vez que escuchamos esto es posible que nos parezca absurdo, pero es casi como si Dios nos estuviera diciendo: *Mira: te debo un favor. Permíteme dejar que sufras.* Nosotros tendemos a ver el sufrimiento como un mal necesario en el mejor de los casos; en cambio Pablo dice que se trata de un favor divino. Y Pablo no estaba hablando de manera teórica:

Cinco veces recibí de los judíos los treinta y nueve azotes. Tres veces me golpearon con varas, una vez me apedrearon, tres veces naufragué, y pasé un día y una noche como náufrago en alta mar. Mi vida ha sido un continuo ir y venir de un sitio a otro; en peligros de ríos, peligros de bandidos, peligros de parte de mis compatriotas, peligros a manos de los gentiles, peligros en la ciudad, peligros en el campo, peligros en el mar y peligros de parte de falsos hermanos. He pasado muchos trabajos y fatigas, y muchas veces me he quedado sin dormir; he sufrido hambre y sed, y muchas veces me he quedado en ayunas; he sufrido frío y desnudez.

Nadie pasó por más problemas que Pablo. Nadie experimentó más adversidades. Pero Dios usó esas adversidades para aumentar su capacidad. Mientras más problemas tengas, más potencial tendrás.

No te estoy sugiriendo que invites a las adversidades a entrar en tu vida. Hasta donde podemos saber, da la impresión de que es muy posible que la lucha de Benaía con los moabitas y los egipcios fuera una cuestión de defensa personal. Pero Benaía reconoció que aquellas circunstancias adversas podían servir a los propósitos de Dios. Y lo hicieron. La forma en que él se enfrentó a la adversidad fue la que lo llevó a sus ascensos en la vida militar. Cada una de aquellas situaciones adversas formaba parte de la remodelación de su vida. Esas situaciones allanaron el camino para que Dios lo remodelara como guardaespaldas, jefe del ejército y finalmente comandante en jefe.

¿Dónde has sido quebrantado? ¿Cuáles son las circunstancias adversas a las que te estás enfrentando? ¿Tienes algún problema realmente abrumador?

Tal vez Dios te esté remodelando. Tal vez Dios esté aumentando tu capacidad por medio de la adversidad. Tal vez el problema que nunca habías pensado que podrías superar, se convertirá en una oportunidad de más de doscientos kilos de peso.

REVISIÓN DEL CAPÍTULO 4

Puntos a recordar

* Muchas veces, las oportunidades parecen ser unos obstáculos insuperables.

* Algún día es posible que nos sintamos tan agradecidos por las cosas malas como por las buenas, porque esas cosas malas nos han ayudado a prepararnos para las buenas.

* Deberíamos dejar de pedirle a Dios que nos *saque* de las circunstancias difíciles, para preguntarle qué quiere que hagamos para *salir* nosotros mismos de esas circunstancias difíciles.

* La oración tiene menos que ver con un cambio en nuestras circunstancias, que con un cambio en nuestra perspectiva.

* La adoración consiste en olvidar lo que anda mal en tu vida, y recordar lo bueno que hay en Dios.

* Dios quiere que aprendamos a ver las malas experiencias a través del bien que hayamos obtenido de ellas en nuestra vida.

* Dios se dedica a reciclar nuestras angustias y a usarlas para bien de otras personas.

Comienza la caza

Mark afirma que «las circunstancias de las que te quejas se convierten en cadenas que te mantienen prisionero. Y la manera de salir de esa situación es mediante la adoración». La adoración es la mejor manera de replantear de nuevo un problema. Menciona un aspecto de tu vida en el cual podrías comenzar de inmediato a reemplazar las quejas con la adoración.

CAPÍTULO 5

UNA INCERTIDUMBRE GARANTIZADA

Estar seguros de Dios significa estar inseguros en todos
nuestros caminos; no sabemos lo que nos pueda traer
un día determinado. Por lo general, decimos
esto con un suspiro lleno de tristeza. Sin
embargo, más bien debería ser la expresión
de unas emocionantes expectativas.

OSWALD CHAMBERS

De una cosa sí estoy seguro: Benaía no se despertó en la mañana de su encuentro con el león y se puso a planificar todos los detalles. No tenía eso en sus planes. No estaba en su lista de cosas por hacer. Ni siquiera estoy seguro de que estuviera en la lista de las cosas que quisiera hacer. Aquel encuentro con un león fue tan imprevisto como un dolor de muelas.

Es fácil leer sobre un incidente que tuvo lugar hace tres mil años y no valorar el elemento sorpresa, porque sabemos cómo termina la historia. Leemos la historia y pensamos que el final era algo inevitable. Los psicólogos llaman a eso «desviación a posteriori». Consiste en una sensación exagerada de haber sido capaz de predecir un suceso antes que haya sucedido en la realidad. Cuando leemos las Escrituras, estamos haciendo un papel semejante al de los que se convierten en mariscales de campo de fútbol los lunes por la mañana. Sin embargo, para valorar realmente la fe de Benaía, tenemos que sentir lo que él sintió *antes* de matar al león.

Si te calzas sus sandalias, vas a sentir una mezcla de emociones. Y entre ellas hay un alto nivel de incertidumbre emocional. Matar al león no era una conclusión que daba por segura. De hecho, lo más posible es que fuera una improbabilidad estadística. El combate cuerpo a cuerpo con otro ser humano es una cosa. Los humanos tenemos tendencias. Se pueden predecir los golpes y los golpes de reposta con un nivel más alto de certeza. En cambio, las bestias salvajes tienden a ser volubles e impredecibles. Sus acciones y reacciones son menos seguras. Además, se necesita tener en cuenta las condiciones topográficas, fisiológicas y atmosféricas. ¿Cuán fuerte estaba nevando? ¿Era nieve compacta o acuosa? ¿Hasta qué punto estaba firme el suelo en el fondo del foso? ¿Y la visibilidad? ¿Qué hora era? ¿Cuánta hambre tendría aquel león? ¿Había dormido bien Benaía la noche anterior? ¿Se había desayunado con su cereal?

Las variables son miles y todas suman en una sola cosa: un resultado incierto. Las cosas habrían podido ir de cualquiera de las dos maneras. Cara o cruz.

Estoy seguro de que Benaía tenía una sensación de destino. Sin embargo, esa sensación iba acompañada por un grado de incertidumbre. Benaía no sabía si iba a ganar o a perder; a vivir o a morir. Pero sí sabía que Dios estaba con él.

Él habría podido huir del león. Y huir de él habría reducido la incertidumbre, aumentado su seguridad. Pero los que persiguen leones van contra toda intuición. No temen aventurarse a entrar en tierras desconocidas. Lo desconocido no los asusta. Los atrae con un amor perdido hace mucho tiempo, o un sueño de la niñez. En cierto sentido, la seguridad espanta más a los que persiguen leones que la inseguridad.

Hace poco tuve una conversación con Kurt, un amigo mío que era profesor de tecnología de la información en una de las universidades más respetadas de la nación. Su posición docente tenía unas ventajas inmensas. E iba camino a mantener su posición a perpetuidad. Sabía con exactitud lo que estaría ganando al cabo de diez años. Y era una buena cantidad. Dinero garantizado. Cualquiera pensaría que esa clase de seguridad en el trabajo tendría como consecuencia el contentamiento con su vocación, pero mi amigo es un cazador de leones. Su futuro estaba demasiado bien definido; era demasiado predecible; demasiado seguro. Así que Kurt se decidió a perseguir a un león. Comenzó un negocio por Internet y entregó su renuncia. Menos de un año más tarde, está ayudando al mundo a alcanzar la felicidad digital y va al frente de la revolución de los MP3. Su salto de fe fue recompensado con un capital inicial del tamaño de una inversión de ocho cifras.

En un nivel, la decisión de Kurt parecía una movida insensata. Estaba huyendo literalmente de la seguridad económica de un profesorado vitalicio, para perseguir un incierto sueño en la Internet. Pero los cazadores de leones le tienen más temor a lamentarse después toda una vida, que a pasar por una incertidumbre temporal. No quieren llegar al final de su vida con un millón de lamentaciones del tipo «y si...». Así que se dedican a perseguir leones. A corto plazo, eso aumenta la incertidumbre. En cambio, a largo plazo, reduce el número de cosas de qué lamentarse.

Yo sé que cada persona tiene un llamado diferente. Sé que cada cual tiene su propia personalidad. Pero también sé que abrazar la incertidumbre es una de las dimensiones de la fe. Y cualquiera que sea la vocación a la que estés llamado, o tu situación en cuanto a tus relaciones, tienes que hacer algo que vaya contra tu intuición si quieres alcanzar el potencial que te ha dado Dios y cumplir el destino que te ha señalado. Algunas veces hay que huir de la seguridad para perseguir la inseguridad.

¿Acaso no fue eso lo que hizo Jonatán cuando salió de la seguridad del campamento israelita para escalar un despeñadero? El punto muerto militar en que se hallaban lo estaba volviendo loco, así que decidió buscarse un pleito con los filisteos. Me encanta su *modus operandi*: «Espero que el Señor nos ayude».

¿Acaso no es eso también lo que hizo Abraham cuando dejó su familia y su tierra para ir en pos de la promesa de Dios? En unos días y unos tiempos en los cuales la persona promedio nunca viajaba más allá de un radio de cincuenta kilómetros del lugar donde había nacido,

Abraham abrazó la incertidumbre y se aventuró a pasar por tierras desconocidas. «Salió sin saber a dónde iba».

¿Acaso no es eso lo que hizo Noé cuando construyó el arca? Todo el mundo se rió de él por ciento veinte años, pero él había aceptado la incertidumbre de una predicción divina sobre el tiempo: «Y Noé hizo todo según lo que Dios le había mandado».

Los cazadores de leones desafían el *statu quo*. Escalan despeñaderos, se mudan a países extraños y construyen barcos en medio del desierto. Con frecuencia se piensa de ellos que están locos, pero si pueden hacer esas cosas, es porque no le tienen miedo a la incertidumbre. No necesitan saber qué es lo próximo que va a suceder porque están conscientes de que Dios lo sabe. No necesitan explicaciones para todos sus desalientos porque saben que Dios tiene un plan. Los que persiguen leones se niegan a establecerse porque quieren experimentar cuanto giro y cambio les tenga Dios reservado.

NO SE PUEDE PLANIFICAR PENTECOSTÉS

Este es uno de los mayores errores que cometemos muchos de nosotros en nuestra relación con Dios: Enfocamos nuestras energías en decirle a Dios con toda exactitud *qué debe hacer, cómo lo debe hacer y cuándo lo debe hacer*. De hecho, nos lo repetimos una y otra vez, solo para asegurarnos de que no dejamos de decirle a Dios ninguno de los detalles de importancia. Pero, ¿y si en lugar de gastar toda nuestra energía *haciendo planes para Dios*, gastáramos esa energía *en buscar a Dios*?

¿No fue eso lo que sucedió en el día de Pentecostés? Los discípulos no tenían plan alguno. No tenían ni idea de lo que iba a suceder. Pero algunas veces la incertidumbre nos obliga a orar como si las cosas dependieran solamente de Dios. Y eso es lo que ellos hicieron durante diez días.

«Cuando llegó el día de Pentecostés, estaban todos juntos en el mismo lugar. De repente, vino del cielo un ruido como el de una violenta ráfaga de viento y llenó toda la casa donde estaban reunidos. Se les aparecieron entonces unas lenguas como de fuego que se repartieron y se posaron sobre cada uno de ellos. Todos fueron llenos del Espíritu Santo y comenzaron a hablar en diferentes lenguas, según el Espíritu les concedía expresarse».

Dios no habría podido hacer un guion mejor para el día de Pentecostés. Ese derramamiento del Espíritu se produjo durante la fiesta de Pentecostés, cuando los peregrinos judíos procedentes de todas partes del mundo antiguo viajaban hasta Jerusalén. Y fueron aquellos peregrinos los que escucharon el evangelio en sus lenguas nativas. No solo fueron bautizados tres mil creyentes aquel día, sino que también se estaba enviando tres mil misioneros para que regresaran a todos los rincones del mundo antiguo.

Nadie habría podido coordinar un suceso mejor que de esa forma, pero he aquí lo que quiero decir: Desde el punto de vista de los discípulos, no había plan alguno para el día de Pentecostés. No se trató de que se despertaran aquella mañana diciendo: *Tengo ganas de hablar hoy en una lengua extraña.* Ellos no tenían categoría con la cual clasificar lo que estaba a punto de suceder. Era algo sin precedentes. No habían hecho una cita especial para ser llenos del Espíritu Santo. Pedro no había preparado un sermón con tres puntos. Y ciertamente, tampoco habían hecho un paquete con una muda de ropa para después de los bautismos.

No estoy seguro de la forma en que comenzó aquel día, pero estoy bastante seguro de que los discípulos apretaron tres veces en sus despertadores el botón para seguir durmiendo unos minutos más antes de salir de la cama, cantaron en la ducha, se pusieron los pantalones, una pierna primero y la otra después, hicieron café y mientras lo tomaban, leyeron el periódico *Jerusalem Post.*

Aquel día había comenzado como cualquier otro.

Es imposible que hayan predicho lo que estaba a punto de suceder. *No se puede planificar Pentecostés.* Pero si buscas a Dios durante diez días en un aposento alto, lo más seguro es que se produzca Pentecostés.

Aquí tienes un pensamiento novedoso: ¿Y si nosotros hiciéramos de verdad lo que ellos hicieron en la Biblia? ¿Y si ayunáramos y oráramos durante diez días? ¿Y si buscáramos a Dios con la intensidad de los antiguos, en lugar de gastar todo nuestro tiempo tratando de eliminar sus sorpresas? Tal vez entonces experimentaríamos también algunos de los milagros antiguos.

Uno de nuestros puntos espirituales culminantes del año pasado fue cuando pusimos en práctica este pasaje en la congregación National Community Church. Ayunamos y oramos durante los diez días anteriores al día de Pentecostés. Fue durante aquel ayuno de Pentecostés cuando identifiqué siete milagros que estoy creyendo que Dios va a hacer. Estás leyendo uno de ellos. Y los otros seis están en el proceso de recibir respuesta. Sinceramente, no tengo idea alguna de la forma en que van a pasar algunos de ellos. Uno de los siete milagros que estoy creyendo que Dios va a hacer, es que yo experimente Hechos 2:42 una vez en mi vida. No tengo idea de cómo, cuándo o dónde va a suceder, pero creo que voy a formar parte de un bautismo en el cual tres mil personas lo van a recibir al mismo tiempo y en el mismo lugar. Tal vez me pase todo el resto de mi vida persiguiendo a ese león, pero es un león que vale la pena perseguir.

El principio de la incertidumbre

En 1932, un físico alemán llamado Werner Heisenberg ganó el Premio Nobel por su teoría sobre la mecánica cuántica. Más tarde, otro de sus descubrimientos se convirtió en una de las mayores revoluciones científicas del siglo veinte. Durante centenares de años, el determinismo era el principio que lo gobernaba todo. Los físicos creían en un universo que funcionaba como un reloj capaz de ser medido y predicho. Heisenberg echó abajo todas las creencias de la comunidad científica.

He aquí en resumen el «principio de la incertidumbre» expresado por Heisenberg. No podemos conocer la posición precisa y la velocidad de una partícula cuántica al mismo tiempo. He aquí por qué. Algunas veces la materia se comporta como una partícula, y parece estar en un lugar en un momento dado. Y otras veces se comporta como una onda, y parece estar en varios lugares al mismo tiempo, casi como una onda en un charco. Se trata de la dualidad de la naturaleza. Así que este es el asunto: «La medición imprecisa de las condiciones iniciales impide la predicción precisa de los resultados futuros». O, por decirlo en términos laicos: Siempre habrá un elemento de incertidumbre.

Cuando yo era niño, teníamos en nuestra familia un dicho: «A veces no podrás saber siempre». En verdad no puedo recordar de dónde salió, ni cómo comenzamos a usarlo. Que yo sepa, tal vez se trate de algún famoso aforismo. Pero era la versión que tenía nuestra familia de este principio de incertidumbre.

La vida es infinitamente insegura. Y esto lo tenemos que unir al hecho de que Dios es infinitamente complejo.

Piensa en Dios en función de la geometría fractal. Benoît Mandelbrot, el padre de la geometría fractal, halló que algunas formas, como las nubes y las líneas costeras, son infinitamente complejas. Cualquier detalle se puede ampliar *ad infinitum* para revelar en él más detalles. El nombre técnico es «complejidad infinita». Los fractales son el equivalente físico de lo que llaman los teólogos «la incomprensibilidad de Dios». Cuando por fin pensábamos que habíamos llegado a entender a Dios, descubrimos una nueva dimensión dentro de su caleidoscópica personalidad.

De manera que si la vida es infinitamente insegura, y Dios es infinitamente complejo, entonces todo lo que nosotros podemos hacer es aceptar nuestra finitud y abrazar la incertidumbre. Me parece que muchas personas tienen la idea errada de que la fe reduce la incertidumbre. Nada podría estar más lejos de la verdad. La fe no reduce la incertidumbre. La fe abraza la incertidumbre.

Nunca tendremos todas las respuestas. Y algunas personas nunca llegarán a aceptar esta verdad. Sienten que hay algo que anda mal en ellos porque no pueden envolver a Dios con su mente. Sin embargo, tal vez la fe tenga menos que ver con *adquirir conocimiento*, y más que ver con *causar admiración*. Tal vez la relación con Dios no simplifique nuestra vida. Tal vez la complique de unas maneras en las que *debería* complicarse.

Todo lo que sé es esto: El matrimonio me complica la vida. Los hijos me complican la vida. Pastorear a una iglesia en crecimiento me complica la vida. Las riquezas le complican a uno los impuestos, y el éxito le complica la agenda. ¡Demos gracias a Dios por las complicaciones!

La última vez que leí la parábola de las monedas de oro, el trabajo bien hecho no era recompensado con una jubilación adelantada, ni con unas largas vacaciones. La recompensa al buen trabajo era más trabajo. Con frecuencia, las complicaciones son un producto secundario de las bendiciones.

La relación con Dios te complica la vida, pero te la complica de unas maneras en las cuales *debe* complicarse. El pecado te complica la vida, pero de una manera en la que *no se debería* complicar. De una u otra forma, la vida es complicada. Complicaciones buenas o complicaciones malas: tú eres el que escoges.

¿YA LLEGAMOS?

Mientras más tiempo he vivido, más he llegado a pensar que la madurez espiritual tiene menos que ver con comprender el futuro, y más con una sensibilidad hacia el Espíritu de Dios en todo momento. No estoy diciendo que no debamos hacer planes. Pero quisiera utilizar un lápiz de los que tienen una goma de borrar, además de tener cerca un triturador de papeles.

Tengo un recuerdo palpable de lo inútiles que pueden resultar los planes mejor pensados de los ratones y de los hombres. Tengo un documento de más de dos centímetros de grueso en uno de mis archivos. Es el plan para veinticinco años que hice para la iglesia que quisimos fundar y fracasamos cuando estaba terminando mis estudios en la universidad. Nunca llegamos ni siquiera a tener nuestro primer culto, pero ya yo tenía los mil trescientos domingos siguientes totalmente planificados. Vaya broma. ¡En serio! ¿No oyes cómo se reía Dios mientras yo estaba ocupado haciendo mis planes? Si quieres hacer reír de verdad a Dios, dale una descripción detallada de dónde vas a estar y qué vas a hacer dentro de veinticinco años.

La mayoría de las personas nunca habrían podido adivinar hace diez años que estarían haciendo lo que hacen, o viviendo donde viven ahora. Y aunque uno haga planes para el futuro, no tiene ni idea del aspecto que tendrá la vida dentro de diez años. Pero así son las cosas. Simplemente, que no pienso que la madurez espiritual tiene por resultado un grado mayor de previsibilidad.

Benaía no tenía calculada una estrategia a veinticinco años vista para sus ocupaciones.

Primer paso: Matar un león en un foso en un día de nieve.

Segundo paso: Pedir trabajo como guardaespaldas del rey de Israel.

Tercer paso: Irme abriendo camino hasta convertirme en el comandante en jefe del ejército de Israel.

No es así como funciona la vida.

Yo creo en la planificación. Creo en la fijación de metas. Pero en la vida hay algunas cosas que uno no puede planificar ni predecir. Y eso vuelve loca a la parte obsesivo-compulsiva de nuestro ser interior. Queremos controlar, pero la decisión de seguir a Cristo significa un abandono del control. Seguir a Cristo es permitirle que tome el timón. No obstante, hay algunos de nosotros que actúan como conductores desde el asiento posterior. O peor aún, somos como los niños pequeños que vuelven locos a sus padres haciendo la misma pregunta una y otra vez: *¿Ya llegamos?*

En verdad, creo que esa pregunta revela algo genéricamente programado dentro de la psique humana. Viene como parte normal del mecanismo. Y aunque tal vez dejemos de importunar a nuestros padres, nunca maduramos en cuanto al afán de querer saber con exactitud hacia dónde nos dirigimos y cuándo precisamente llegaremos allí. Queremos un itinerario completo, con todo señalado en el mapa.

Lo que estoy tratando de decir de la manera más delicada posible es esto: Somos unos fanáticos del control. Sin embargo, la fe comprende una pérdida de ese control. Y con la pérdida del control viene la pérdida de la certidumbre. Nunca sabemos cuándo se nos va a cruzar en el camino un león de más de doscientos kilos. Y la fe consiste en estar dispuestos y listos para abrazar esas incertidumbres.

Un Dios marioneta

La mayoría de nosotros tenemos una relación de amor y odio a la vez con la incertidumbre. Detestamos *las incertidumbres negativas*; las malas cosas que nos suceden, y que no esperábamos que sucedieran. No nos gustan las multas, las auditorías del Servicio de Rentas Internas ni los neumáticos pinchados. Eso no es divertido. En cambio, sí nos encantan *las incertidumbres positivas*; las buenas cosas que nos suceden sin esperarlas. Flores sin que haya una razón concreta. Un gran abrazo de tus hijos que tú no les has pedido. Una fiesta de sorpresa para tu cumpleaños. Pero el asunto es este: No puedes tener ambas cosas a la vez.

Hay una parte de nosotros que quisiera tener un Dios marioneta. Querríamos tirar de las cuerdas, como un titiritero, pero ni siquiera Dios nos trata como marionetas. Hay una parte de nosotros que quiere tener un Dios controlable, pero si Dios fuera controlable, nosotros seríamos unos infelices. ¿Te puedes imaginar un mundo en el cual todo lo que sucediera fuera predecible? ¿Hasta qué punto sería aburrido? Un mundo sin incertidumbres sería un mundo sin mariposas en el estómago ni sorpresas que nos llegan por detrás.

Yo solía detestar la incertidumbre, pero estoy aprendiendo a apreciarla. Es un gusto que se va adquiriendo. Estoy descubriendo que los momentos más maravillosos de la vida no están escritos en ningún guion. No se han ensayado ni planificado; son impredecibles, y eso es precisamente lo que los hace inolvidables.

Hace un par de meses fuimos de vacaciones a Orlando, en la Florida. Una mañana, estábamos detenidos en un semáforo en nuestra furgoneta alquilada. El semáforo encendió la luz verde y el auto que teníamos delante no se movió, así que yo decidí darle un «afectuoso saludito» con la bocina. Pero cuando apreté la bocina, se quedó trabada y no la pude apagar. La pobre gente que teníamos delante debe haber pensado que yo era un lunático rabioso.

Enseguida me metí en una gasolinera, mientras todo el mundo se nos quedaba mirando. Estábamos molestos pero, por fortuna, la bocina dejó de sonar cuando apagué el motor de la furgoneta. Así que volvía a prender el motor y salimos hacia la carretera. Unos tres kilómetros más tarde, la bocina comenzó a sonar de nuevo, esta vez sin que yo la hubiera tocado siquiera. Te lo aseguro por mi honor de Niño Explorador. Así que íbamos por aquella carretera, a ciento diez kilómetros por hora, tocándole la bocina a todo el mundo y a su hermano también. No estoy seguro de lo que pensaría la gente, pero yo me sentía como si le estuviéramos gritando a todo el mundo: *¡Quítate de mi carrilera, tonto! ¡Esta carretera es nuestra!*

La verdad es que no sabía qué hacer. En mis clases de automovilismo no se estudiaba lo que se debía hacer con las bocinas en mal estado. Así que hice lo que hago cada vez que se rompe algo: le pegué un puñetazo. Simplemente seguí golpeando la bocina, y cuando lo hacía, dejaba de sonar durante unos segundos. Entonces, cuando le parecía, volvía a sonar.

Los quince minutos que duró aquello se podrían clasificar como una de las experiencias más caóticas que sufrí al volante en toda mi vida adulta. Pero, ¿sabes una cosa? Meses más tarde, todavía nos estábamos riendo. De hecho, no creo que mis hijos vayan a olvidar jamás el ahora infame incidente de «la bocina loca».

La mayor parte de nuestro viaje había sido planificada de antemano. Habíamos hecho planes para ir a nadar. Planes para atrapar lagartijas. Planes para visitar el Reino Mágico. Y todas esas actividades planificadas fueron fantásticas. Sin embargo, el punto más destacado del viaje fue algo totalmente sorpresivo. Es imposible planificar el que una bocina se eche a perder. Pero el problema de la bocina causó tanta risa, como todas las demás cosas del viaje juntas.

Y ahora, esto es lo que te quiero decir: Algunas de las mejores cosas de la vida vienen sin que las hayamos planificado ni puesto por escrito en absoluto.

No soy crítico de cine, pero en mi humilde apreciación por las diversiones, las mejores películas son las que tienen los mayores niveles de incertidumbre. Tanto si esa incertidumbre es romántica, como si es dramática, los guiones con los niveles más altos de incertidumbre son los que hacen las mejores películas. Y en este mismo sentido, pienso que los altos niveles de incertidumbre son los que hacen las mejores vidas.

Tú no estarías leyendo un libro acerca de un guardaespaldas llamado Benaía, si no fuera por los altos niveles de incertidumbre por los que tuvo que pasar. Si Benaía se las hubiera arreglado para evitar las circunstancias inciertas que recogen las Escrituras, nunca habría llegado al canon de la Biblia. Lo habrían sacado del guion.

La fe consiste en abrazar las incertidumbres de la vida. Consiste en perseguir a los leones que se nos atraviesen en el camino. Consiste en reconocer una cita divina cuando la vemos.

Abraza la incertidumbre en las relaciones. Se llama *romance*. Abraza la incertidumbre espiritual. Se llama *misterio*. Abraza la incertidumbre en tus ocupaciones. Se llama *destino*. Abraza la incertidumbre emocional. Se llama *gozo*. Abraza la incertidumbre intelectual. Se llama *revelación*.

La gran cáscara de banana

No te puedo prometer que ser seguidor de Cristo sea algo que reduzca el grado de incertidumbre de tu vida. De hecho, tenemos un valor básico en la congregación National Community Church: Espera lo inesperado. Ese valor se basa en el hecho de que Jesús fue y sigue siendo prediciblemente impredecible. ¿Has leído últimamente los evangelios? Más de la mitad del tiempo, Jesús dice y hace lo opuesto de lo que esperan los discípulos. Nunca hay un momento aburrido cuando uno va siguiendo los pasos de Cristo. Nunca sabemos con quién nos vamos a encontrar, qué vamos a hacer, o dónde vamos a ir. En serio, ¿crees que aquellos sencillos pescadores habían pensado jamás que se encontrarían con reyes, que viajarían a las cuatro esquinas del mundo antiguo y que trastornarían la civilización entera? ¡De ninguna manera! Pero cuando sigas a Jesús, mejor que no apuestes. Cualquier cosa puede suceder. Y eso es lo que hace tan imprevisible —y tan emocionante— la aventura.

Jesús nunca nos prometió seguridad. Lo que nos prometió fue incertidumbre:

«Las zorras tienen madrigueras y las aves tienen nidos —le respondió Jesús—, pero el Hijo del hombre no tiene dónde recostar la cabeza».

No estoy convencido de que seguir a Cristo reduzca las incertidumbres *circunstanciales*. Pienso que sí reduce las incertidumbres *espirituales*. Creo que podemos tener lo que las Escrituras describen como «la paz de Dios, que sobrepasa todo entendimiento». Pienso que podemos estar *totalmente seguros* de que somos hijos de Dios, nuestros pecados nos han sido perdonados y nos vamos a pasar la eternidad en el cielo. Pero es muy posible que al seguir a Cristo, aumente en realidad nuestra incertidumbre en otros aspectos de nuestra vida.

Cuando sigues a Cristo, es algo parecido a seguirle el rastro a una zorra o perseguir a un ave: Nunca sabes dónde te va a llevar. Jesús ni siquiera sabía dónde iría a parar al final de cada día. Sus discípulos aprendieron a abrazar la incertidumbre diaria que formaba parte esencial de su decisión de seguir a Cristo.

Yo sé que hay una parte de nosotros que quiere que Dios nos lleve a un drama en tres actos, con una trama claramente definida que tenga un principio, un punto medio y un final. Sin embargo, Jesús prefiere llevarnos a la improvisación. Queremos tener delante desde el principio todo el guion, pero eso sería socavar nuestra dependencia del Espíritu Santo. Seguir a Jesús y mantenerse al mismo paso del Espíritu son cosas que exigen el arte de improvisar. Tenemos que desarrollar una afinidad por la incertidumbre y aprender a disfrutar del viaje.

Me encanta la manera en que Robert Fulghum describe la incertidumbre en su libro *From Beginning to End* [De principio a fin].[1] Fulghum comparte las palabras que les dice a los novios inmediatamente antes de la ceremonia nupcial. Ellos han planificado su boda hasta el último detalle. Quieren que todo salga a la perfección, tal como lo tienen planificado. Pero Fulghum les recuerda una sencilla verdad: «Las bodas se parecen mucho a todas las demás ocasiones de la vida. Cualquier cosa puede suceder. La gran cáscara de banana que es la existencia siempre se encuentra tirada por alguna parte del piso».

Algunas veces, las cosas van terriblemente mal. Así pasó en las bodas de Caná. Es probable que el hecho de que se acabara el vino tuviera por resultado la primera discusión entre los recién casados. *¡Yo creía que tú habías encargado el vino, cariño! ¡No; yo te dije a ti que lo consiguieras, mi amor!* Pero aquel percance preparó el escenario para el primer milagro de Jesús, ¿no es cierto? Si todo hubiera ido tal como estaba planificado, Jesús nunca habría cambiado la estructura molecular del agua para convertirla en vino. *La ausencia de problemas equivale a la ausencia de milagros.*

Ahora voy a lanzar al aire la moneda. Robert Fulghum reconoce que cualquier cosa puede ir mal. Pero también dice que cualquier cosa podría ir bien. «Algunas veces, lo inesperado es un momento inolvidable que transforma una boda común y corriente en una experiencia memorable. Raras veces los recuerdos más hermosos son resultado de una planificación».

He oficiado en una gran cantidad de bodas, y mis momentos favoritos casi siempre se producen fuera del guion. Me encanta cuando los novios experimentan algo que yo llamaría emoción no ensayada mientras hacen sus votos. Me encanta cuando el tío medio loco hace su número de danza loca en la recepción. Todos tenemos un tío de esos, ¿no es verdad? Me encantan las damas de compañía y los niños portadores de los anillos. La mejor edad es alrededor de los tres años. Por mucho que se ensaye, es imposible eliminar el elemento de incertidumbre sobre lo que sucederá mientras desfilan por el pasillo central.

Y te ruego que me perdones por esto, pero me encanta que alguien se desmaye durante la boda. Por supuesto, no quiero que nadie se lesione, ¡pero eso le añade mucho a la ceremonia! Hace varios años estaba en la boda de un amigo, y la dama de compañía que iba de pareja conmigo se desmayó. Fue algo surrealista. Recuerdo estar allí de pie, experimentándolo como si estuviera sucediendo en cámara lenta. Era un momento como los de la película *Matrix*. Todos aquellos pensamientos me inundaron la mente mientras ella iba cayendo al suelo. *Nunca he visto desmayarse a nadie. Me pregunto si le dolerá cuando choque con el suelo. Me pregunto qué pensarán los novios.* Por supuesto, el único pensamiento que no me pasó por la mente fue: *Tal vez yo debería atraparla, para evitar que se vaya al suelo.* ¡Todo lo que hice fue verla caer, como si fuera un árbol acabado de talar!

Lo natural en nosotros es querer que todo vaya de acuerdo con los planes trazados, pero el elemento de sorpresa infunde vida, y con ella, un gran gozo. Le doy gracias a Dios por la incertidumbre y la imprevisibilidad. La alternativa a ambas es la monotonía.

LA MANERA DE EXPLICAR

Al final del día, a nuestra perspectiva sobre la vida regresa de nuevo el hecho de que hay que aceptar la incertidumbre. (¿Acaso no regresa todo?) ¿Creemos en verdad que Dios está ordenando todos nuestros pasos, aun cuando sintamos que hemos dado un mal paso? ¿Creemos en verdad que Dios es soberano, aun cuando nada parece ir como nosotros querríamos? ¿Creemos en verdad que Dios es bueno, aun cuando nos estén pasando cosas malas?

La soberanía de Dios es la que nos da un sentido de nuestro propio destino. Y es ese sentido de destino el que nos ayuda a abrazar tanto las incertidumbres positivas, como las negativas que se producen en nuestra vida.

En su libro *Learned Optimism* [Optimismo ilustrado], el Dr. Martin Seligman dice que todos tenemos lo que él llama una «manera de explicar» para entender las experiencias de la vida: «La manera de explicar es la forma en la que nos explicamos habitualmente la razón por la que suceden las cosas».[2]

Permíteme extrapolar la aplicación de este principio.

Estás en un restaurante esperando a la persona con la que tienes una cita. Han quedado en reunirse a las siete en punto, pero tres cuartos de hora más tarde, la persona no ha aparecido. En algún momento necesitas explicarte el porqué. Tal vez pienses en tu interior: *Me dejó plantado*, y eso hace que te enojes. O a lo mejor te precipitas y llegas a una conclusión: *Ya no me ama*, lo cual te hace sentir triste. Podrías pensar: *Tuvo un accidente*, y eso te hace sentir ansiedad. O tal vez: *Está trabajando horas extra para poder pagar nuestra cena*, lo que te haría sentir gratitud. (Aunque un tanto ingenua.) Podrías pensar: *Está con otro hombre*, y eso te haría sentir celos. O también: *Esto me da una excusa perfecta para romper mis relaciones con ella*, lo que te haría sentir alivio.

Es la misma situación, pero las explicaciones son muy diferentes.

Para cada experiencia hay una gran cantidad de explicaciones diferentes. Y aunque no puedas controlar tus experiencias, sí puedes controlar tus explicaciones. Y esta es la verdad: tus explicaciones son más importantes que tus experiencias. En palabras del Dr. Seligman: «Tu manera de explicarte los sucesos es la que determina lo indefenso que te vuelvas, o la energía que adquieras, cuando te encuentres con los reveses de todos los días, y también con las derrotas trascendentales».[3]

Una de las historias más trágicas de las Escrituras se encuentra en el libro de Génesis. Siendo José un adolescente, sus hermanos fingieron que había muerto, y lo vendieron como esclavo. Aquello les habría podido causar a la mayoría de las personas suficientes problemas psicopatológicos como para que duraran toda una vida, pero para José solo era la punta de la pirámide. Cuando José se resistió a las invitaciones sexuales de la mujer de Potifar, fue injustamente metido en una mazmorra egipcia, acusado de haber intentado violarla. Durante trece años las cosas fueron de mal en peor. Pero José nunca perdió la fe, porque su fe no dependía de las circunstancias. Después de trece años de algo que parecía ser mala suerte, en lo que debe haber sido la subida al poder más precipitada de toda la historia, José interpretó un sueño y pasó de ser un esclavo prisionero a ser el primer ministro de Egipto.

José les habría podido dar una gran cantidad de explicaciones a sus experiencias cuando las cosas no marchaban como él habría querido. *Dios me ha abandonado. Dios está airado conmigo. Dios me ha olvidado. Dios se ha desinteresado de mí.* Sin embargo, su explicación se encuentra en Génesis 50:20. Mira por el espejo retrovisor y reflexiona sobre toda la disfunción, toda la injusticia, todas las traiciones y todos los sufrimientos. Y les dice a sus hermanos; a los mismos hermanos que fingieron su muerte y lo vendieron como esclavo:

«Es verdad que ustedes pensaron hacerme mal, pero Dios transformó ese mal en bien para lograr lo que hoy estamos viendo: salvar la vida de mucha gente».

Con este verso nos basta para ver resumida la manera de entender la vida que tenía José, y ver revelado su estilo al explicar las cosas. José tuvo la capacidad de ver los propósitos de Dios en sus experiencias del pasado. Génesis 50:20 es el lente a través del cual cada uno de nosotros debe contemplar su pasado, su presente y su futuro. Las sendas de todos nosotros están repletas de escombros procedentes de la disfunción y el desaliento. Todos hemos sido juzgados indebidamente, o mal guiados. Y lo seremos muchas veces más, antes que termine nuestra vida. Pero Dios se ocupa de usar esas experiencias con el fin de prepararnos para nuestras oportunidades futuras.

Preguntas sin respuesta

No hace mucho, mi hija Summer me hizo una pregunta sin más ni más: «Papá, ¿por qué Dios creó a los mosquitos?» La pregunta no es fácil de responder. Yo me inventé una respuesta muy pobre; algo así como: «Para que se los coman las lagartijas». Pero si te he de ser perfectamente sincero, no estoy seguro de cuál fue la razón por la que Dios creó a los mosquitos. A mí no me caen bien. Ese asunto no me quita el sueño, pero creo que es una de esas preguntas que no tienen respuesta. Dicho sea de paso, Summer también me dijo: «Llevo dos años pensando hacerle esa pregunta a Dios».

Todos tenemos preguntas que hemos estado guardando para hacérselas a Dios, ¿no es cierto?

Y la mayoría de ellas no son tan benignas como la de por qué hizo Dios los mosquitos. Tenemos también preguntas cancerosas que forman metástasis. *¿Cómo pudo permitir Dios que mi esposa me dejara de esa manera? ¿Por qué es precisamente mi hijo ese uno entre diez mil que tiene un desorden genético poco frecuente? ¿Por qué nadie hizo nada para impedir que siguiera ese abuso?*

Las incertidumbres positivas producen algunos de los momentos más gozosos de la vida, pero no quiero tomar a la ligera las incertidumbres negativas. Son dolorosas y estresantes.

Tal vez te estés enfrentando a esa incertidumbre en las relaciones que se llama divorcio. Es posible que la reducción de puestos de trabajo en tu compañía te esté causando alguna incertidumbre ocupacional. O quizá tengas una gran cantidad de preguntas sin respuesta que te estén causando incertidumbre espiritual.

Algún día, Dios responderá todas nuestras preguntas cancerosas. Algún día, Dios explicará todas nuestras experiencias dolorosas. Algún día Dios resolverá todas nuestras paradojas espirituales. Mientras tanto, yo tengo un archivo al que llamo Deuteronomio 29:29, y que está repleto de cosas que no comprendo.

«Lo secreto le pertenece al Señor nuestro Dios».

En algún punto de nuestro peregrinar espiritual tropezamos con algo llamado realidad. Y suele suceder cuando vamos en nuestro auto a cien kilómetros por hora y sin el cinturón de seguridad puesto. El resultado es una fuerte lesión espiritual. Las respuestas sencillas no son suficientes, y Dios no cabe dentro de las cajas hermosas y estupendas en las que solía caber antes. El nombre psicológico que define esta experiencia es «disonancia cognoscitiva». Experimentamos un conflicto psicológico que es resultado de unas creencias discordes entre sí. En otras palabras, sucede algo que no cuadra con lo que nosotros creemos.

La disonancia viene sobre todo en dos sabores distintos: las preguntas sin respuesta y las experiencias sin explicación. Y yo he probado bastante esos dos sabores.

Una de mis preguntas sin respuesta es por qué Bob, mi suegro, falleció siendo tan joven. No solo perdimos un padre, sino que yo también perdí a mi mentor en el ministerio. No estaría haciendo lo que hago, de no haber sido por su influencia sobre mi vida. Bob fundó y después pastoreó Calvary Church en Naperville, Illinois, donde estuvo por más de treinta años. Y Dios lo usó de una manera profunda para causar un impacto en miles de vidas.

En enero de 1998, Bob fue a hacerse un examen médico de rutina. El médico no solo le dijo que su salud era perfecta, sino que literalmente le dijo que se podía conducir un camión Mack por sus arterias. Una semana más tarde, falleció de un ataque al corazón. Y yo recuerdo muy claros dos sentimientos. Recuerdo haberme sentido *impotente*. No podía hacer nada para lograr que volviera. Y también recuerdo haberme sentido *abrumado*. Uno casi llega a un estado de shock, porque experimenta una sobrecarga emocional. La angustia lo consume. Si has perdido a algún ser querido, conoces ese sentimiento. Durante los funerales, me di cuenta de que no podía dejar de suspirar. Más tarde leí que suspirar es una de las maneras en que procesamos la angustia. Es una respuesta psicológica a la aflicción. Yo no sabía cómo desa-hogarme, ni cómo expresar con palabras lo que estaba sintiendo, así que suspiraba.

Durante ese tiempo fue cuando descubrí un texto que en la actualidad es uno de mis salmos preferidos:

«Atiende, Señor, a mis palabras; toma en cuenta mis gemidos».

Esas palabras finales —«toma en cuenta mis gemidos»— se convirtieron para mí en una fuente de fortaleza. Yo no sabía cómo orar, ni qué decir, pero sí sabía que Dios estaba tomando en cuenta mis gemidos. Aun cuando no podemos expresar con palabras nuestra frustración, nuestro enojo, nuestra duda, nuestra desilusión o nuestra angustia, Dios escucha y traduce esas señales de aflicción de baja frecuencia que nosotros llamamos suspiros o gemidos.

Tal vez la oración sea mucho más que una combinación de las letras del alfabeto para formar palabras. Me encanta la perspectiva de Ted Loder en *Guerrillas of Grace* [Guerrilleros de la gracia].

> ¿Cómo debo orar?
> Señor, ¿son oraciones las lágrimas?
> ¿Son oraciones los gritos
>   o los gemidos
>   o los suspiros
>   o las quejas?
> ¿Puedo levantar hasta ti unas manos temblorosas,
>   o unos puños cerrados
>   o el sudor frío que me corre por la espalda
>   o los retortijones que me hacen un nudo en el
> estómago?
> ¿Aceptarás mis oraciones, Señor,
>   mis verdaderas oraciones,
>   con sus raíces en el estiércol y el lodo y la piedra de mi
> vida,
> y no solo el hermoso ramillete de palabras,
> con sus flores cortadas y arregladas con delicadeza?
> ¿Me aceptarás a mí, Señor,
>   tal como yo soy,
>   una desordenada mezcla de gloria y de mugre?[4]

A veces sentimos como si Dios no nos estuviera escuchando; sin embargo, Él toma en cuenta cada uno de nuestros gemidos. No solo eso. Está intercediendo por nosotros día y noche. Las Escrituras dicen que Dios convierte en oraciones nuestros suspiros sin palabras y nuestros gemidos de dolor.

«Así mismo, en nuestra debilidad el Espíritu acude a ayudarnos. No sabemos qué pedir, pero el Espíritu mismo intercede por nosotros con gemidos que no pueden expresarse con palabras».

He aquí un pensamiento extraordinario: Mucho antes de que despertaras esta mañana, el Espíritu Santo estaba intercediendo por ti. Y mucho después de que te vayas esta noche a la cama, el Espíritu Santo estará aún intercediendo por ti. Esto debería cambiar nuestra manera de despertar y de quedarnos dormidos. Nos debería dar la valentía que necesitamos para perseguir leones.

Conecta los puntos de la línea

El mayor peligro para tu salud espiritual consiste en pensar que tu pasado se ha producido al azar, o que tu futuro solo depende de la suerte. Lo cierto es todo menos eso. Te puedo asegurar que todo cobrará sentido cuando entres en la eternidad, pero eso no debe estremecer nuestra seguridad, porque esa seguridad no depende de nuestras circunstancias. Nuestra seguridad depende del carácter de Dios. Tal vez nuestras circunstancias parezcan insensatas, pero sabemos que Dios está planificando su obra, y obrando de acuerdo con esos planes.

Cuando yo tenía cinco años, nuestra familia fue a ver una película llamada *El refugio secreto*. La película documentaba la historia de una dama llamada Corrie ten Boom, que sobrevivió milagrosamente a los campos de concentración nazis. Después de ver aquella película fue cuando di mi primer paso de fe. Cuando mi madre me arropaba aquella noche en la cama, le pregunté si le podía pedir a Jesús que entrara en mi corazón.

Con frecuencia me he preguntado si Corrie habrá puesto en duda a Dios alguna vez. Así debe haber sido. Su familia había estado escondiendo judíos. *¿Por qué había permitido Dios que los capturaran?* Su padre y su hermana murieron en los campos de concentración. *¿Por qué había permitido Dios que aquello sucediera?*

Corrie solía hablar ante sus oyentes acerca de sus horrorosas experiencias en los campamentos de concentración, y con frecuencia miraba hacia abajo mientras hablaba. No estaba leyendo sus notas. En realidad, estaba tejiendo. Después de hablar de todas las dudas, de toda la ira y el sufrimiento por las que ella había pasado, Corrie enseñaba lo que había tejido. Presentaba la parte posterior del tejido, para revelar un enredo de colores y de hilos que no tenía ningún esquema discernible. Entonces decía: «Así es como nosotros vemos nuestra vida». Después de esto, le daba media vuelta a su tejido para revelar el diseño que había en el otro lado, y terminaba diciendo: «Así es como Dios ve nuestra vida, y algún día tendremos el privilegio de verla desde el punto de vista suyo».

Corrie se habría podido preguntar por qué tuvo ella que sufrir en los campamentos nazis de concentración. No tenía sentido. Era una injusticia. Pero lo que yo sí sé es esto: De alguna manera, Dios usó el sufrimiento de una mujer llamada Corrie ten Boom, que vivió en Holanda en 1944, para guiar treinta años más tarde a los pies de Cristo a un niño de cinco años llamado Mark Batterson, que vivía en Minneapolis, Minnesota. Yo soy uno de los beneficiarios de las preguntas sin respuesta y las experiencias sin explicación de Corrie ten Boom.

Algunas de tus experiencias no parecerán tener sentido de este lado de la eternidad, pero los que se dedican a perseguir leones saben que Dios está conectando los puntos de la línea de una manera que ellos no pueden comprender. Los cazadores de leones son lo suficientemente humildes como para dejar que sea Dios quien tome las decisiones, y lo suficientemente valientes como para seguirlo hacia donde Él los guíe.

Revisión del capítulo 5

Puntos a recordar

- Tienes que hacer algo que vaya contra tu intuición si quieres alcanzar el potencial que te ha dado Dios y cumplir el destino que Él te ha señalado.
- No sigas gastando toda tu energía en *hacer planes* para Dios y comienza a *buscar* a Dios.
- La fe consiste en abrazar la incertidumbre.
- Seguir a Cristo reduce la incertidumbre *espiritual*, pero no reduce la incertidumbre *circunstancial*.
- Tus explicaciones son más importantes que tus experiencias. Aunque no puedes controlar tus experiencias, sí puedes controlar tus explicaciones.
- Algunas de tus experiencias no parecerán tener sentido de este lado de la eternidad, pero los que se dedican a perseguir leones saben que Dios está conectando los puntos de la línea de una manera que ellos no pueden comprender.

Comienza la caza

¿Cuáles son las preguntas que tienes para Dios en tu propio archivo de Deuteronomio 29:29 («Lo secreto le pertenece al Señor nuestro Dios»)? ¿Qué podrías hacer para ayudarte a aceptar que es posible que nunca les encuentres una respuesta en toda tu vida?

CAPÍTULO 6

BUSCAR LA SEGURIDAD ES ARRIESGADO

Dentro de veinte años, estarás más desilusionado por las cosas que no hiciste, que por las que sí hiciste. Así que tira las sogas de proa. Navega hasta que salgas de la seguridad del puerto. Atrapa los vientos alisios en tus velas. Explora. Sueña. Descubre.

MARK TWAIN

Tengo un amigo llamado Lee, que pastorea una de las iglesias que están creciendo con mayor rapidez en los Estados Unidos. Lee no tiene el aspecto típico de los pastores. No se viste como un pastor típico. Y no tuvo estudios formales para el ministerio. Sin embargo, conozco muy pocas personas a las cuales Dios use tanto como a este amigo mío «no calificado» y «sin experiencia». Y todo comenzó con un riesgo calculado que él corrió hace unos diez años.

Lee estaba en el ambiente ejecutivo de Microsoft, con un sueldo de seis cifras altas, pero lo más significativo de todo es que había acumulado dieciséis mil opciones de acciones que valían varios millones de dólares. Y fue entonces cuando comenzó a sentir que Dios lo estaba llamando a fundar una iglesia. Estoy seguro de que mi amigo habría podido inventar varios millones de excusas para no dedicarse a fundar iglesias. De hecho, su jefe le ofreció un ascenso y un sueldo mayor aún, si se quedaba en Microsoft. Sin embargo, mi amigo renunció a su trabajo para dedicarse a fundar una iglesia con un sueldo de veintiséis mil dólares. No solo se rebajó el sueldo, sino que también renunció a sus opciones a las acciones de la compañía.

Ahora bien, esto fue lo que más me impresionó. Cuando Lee renunció a sus dieciséis mil opciones a las acciones, le hizo una petición a Dios: «Dame un alma por cada acción a la que estoy renunciando». Y Dios va a muy buen paso en su contestación a lo que él le pidió. La última vez que supe cómo iba la iglesia que pastorea, me enteré que asisten a ella semanalmente un promedio de más de seis mil personas.

De modo que, ¿por qué está usando Dios a Lee de una manera tan profunda? Yo creo que lo está usando por la misma razón por la que usó a Benaía, o a Nehemías, o a Abraham. Registra las páginas de las Escrituras y descubrirás que Dios usa a los que se arriesgan. Benaía arriesgó la vida persiguiendo al león. Nehemías arriesgó su puesto en la administración de Persia para reconstruir los muros de Jerusalén. Y Abraham se arriesgó a perder a su hijo.

Las circunstancias varían, pero la ley del riesgo es universal y eterna: Mientras más estés dispuesto a arriesgar, más te puede usar Dios. Y si estás dispuesto a arriesgarlo *todo*, entonces no hay *nada* que Dios no pueda hacer en ti y por medio de ti.

Lee arriesgó muchos millones de dólares. Pero ese riesgo calculado le está pagando unos dividendos eternos. Hace poco vi uno de los videos de los bautismos en su iglesia, y en él aparecían centenares de personas declarando públicamente su fe en Cristo. Piensa en la forma en que esos centenares de personas van a influir sobre sus redes de relaciones. Piensa en la bendición que los padres de su generación les van a transmitir a sus hijos. Y todo eso se remonta a un solo riesgo calculado. Mi amigo tuvo agallas suficientes para perseguir a un león.

Casi como el Dr. Jekyll y el Sr. Hyde, tenemos una parte de cobardes y otra de atrevidos. El cobarde nos está susurrando continuamente: *Mejor estar seguro que tener que lamentarse*. El atrevido nos está susurrando: *Si no arriesgas nada, no vas a ganar nada*.

¿A cuál de las dos voces vas a escuchar?

¿Qué vas a hacer cuando tu camino se cruce con el de un león? ¿Vas a huir de los riesgos como un minino asustado, o vas a perseguirlo como un cazador de leones? Esa decisión será la que decida tu destino final.

El efecto mariposa

En 1960, un meteorólogo de Massachusetts Institute of Technology (MIT) llamado Edward Lorenz hizo un descubrimiento accidental mientras estaba tratando de desarrollar un programa de computadora que simulara y predijera el estado del tiempo. Un día tenía prisa y, en vez de ingresar el número ,506127 que había utilizado en un intento anterior, lo redondeó a la milésima más cercana, que es ,506. Lorenz pensaba que redondear el número hasta la milésima más cercana no tendría consecuencia alguna. Se marchó del laboratorio y, cuando regresó, se encontró un cambio radical en el estado del tiempo. Calculó que la diferencia numérica entre el número original y el número redondeado era el equivalente al soplo de aire que crea el ala de una mariposa. Así llegó a la conclusión de que era concebible que un suceso tan pequeño como el movimiento de un ala de mariposa pudiera alterar las corrientes de los vientos lo suficiente como para terminar cambiando el estado del tiempo a miles de kilómetros de distancia. Entonces le presentó a la comunidad científica el «efecto mariposa».

En su libro *Chaos* [Caos], James Gleick define el efecto mariposa de esta manera: «Las pequeñas diferencias en la entrada [pueden] convertirse rápidamente en diferencias abrumadoras en la salida».[1]

Esto es cierto en la ciencia y lo es en la vida también. Los pequeños cambios y las pequeñas decisiones se van haciendo mayores con el tiempo y tienen grandes consecuencias. Todo lo que nosotros cambiamos, lo cambia todo. Con demasiada frecuencia no somos capaces de conectar entre sí los puntos de la línea entre las decisiones y las consecuencias. Toda decisión tiene un efecto dominó que puede alterar nuestro destino.

Según las Escrituras, Benaía fue ascendiendo hasta lo más alto de la cadena militar de mando, para convertirse en el comandante en jefe del ejército de Israel. Pero en realidad, el rango que adquirió es un producto secundario de tres riesgos calculados que había asumido décadas antes. En 2 Samuel 23 encontramos tres de los dominós: Se enfrentó a dos moabitas a pesar de estar solo; persiguió a un león a pesar de la nieve que estaba cayendo, y peleó con un egipcio a pesar del hecho de que estaba peor armado que el egipcio.

¿Qué habría pasado si Benaía hubiera decidido que había *demasiados moabitas* para que la pelea fuera justa? ¿Y si hubiera decidido que era *demasiado peligroso* darle caza a un león de más de doscientos kilos? ¿Y si hubiera decidido que aquel egipcio de más de dos metros de altura era *demasiado grande?*

Me parece que podemos decir con toda seguridad que Benaía nunca se habría convertido en el comandante de la guardia personal de David, y mucho menos en el comandante en jefe del ejército de Israel.

Fue el hecho de estar dispuesto a arriesgar su vida y sus facultades físicas el que lo hizo alguien diferente. Las Escrituras dicen que Benaía «se destacó más que los treinta valientes [el grupo élite que existía entre los guerreros de David]».

Los cazadores de leones son gente que se arriesga. Han aprendido que buscar la seguridad es arriesgado. Reconocen que lo mejor que uno puede hacer si huye de un león, es escaparse sin ganar ni perder. Tal vez salve el pellejo, pero tampoco tendrá una piel de león colgada de su pared. La falta de riesgo equivale a la falta de recompensa.

Cuando reflexiono en mi propia vida, me doy cuenta de que la mayoría de las cosas buenas que han sucedido son productos secundarios de unos cuantos riesgos calculados. Mi esposa y mis hijos son resultado de un riesgo. También lo son nuestro hogar, nuestra vida en el D.C. y nuestra iglesia. Convertirnos en una iglesia multisitios y lanzarnos a nuestro segundo local fue un riesgo. Abrir una cafetería fue otro riesgo. Cada movimiento que hacíamos nos infundía temor, incertidumbre y, por lo general, parecía demasiado loco.

Sin embargo, no me puedo imaginar el aspecto que tendría mi vida si les hubiera salido huyendo a los riesgos. La genealogía de las bendiciones siempre se remonta a los riesgos dispuestos por Dios. Todas las cosas buenas que he experimentado en mi matrimonio, mi vida y mi ministerio son productos de los riesgos que he corrido. Y mientras mayor es el riesgo, mayor es la recompensa.

El momento crítico

La vida está repleta de esos momentos que yo llamo «un paso pequeño y un salto gigante». Esos momentos son las experiencias que cambian para siempre la trayectoria de nuestra vida. Son los momentos que no se habrían podido planificar ni predecir; son las decisiones que dividen nuestra vida en capítulos.

En los comienzos de mi peregrinar espiritual, me habría considerado seguidor de Cristo; pero a decir verdad, se trataba menos de que yo siguiera a Cristo, y más de que Cristo me siguiera a mí. Hasta que tuve diecinueve años, en realidad no estaba sirviendo a Dios en sus propósitos. Le estaba pidiendo a Él que me sirviera a mí en mis propósitos. Mis intenciones eran buenas, pero mi vida no giraba alrededor de Dios. Lo que yo quería era que Dios girara alrededor de mí. Pero eso cambió al final de mi primer año en la Universidad de Chicago, cuando le hice una peligrosa pregunta a Dios: «¿Qué quieres que haga con mi vida?» (Dicho sea de paso, lo único más peligroso que *hacer* esa pregunta, es *no hacerla*.)

Con un estilo muy suyo, Dios no me respondió de inmediato. No vi ninguna mano extraña escribiendo en una pared. Experimenté un alto nivel de estrés, como la tensión que uno siente cuando va conduciendo un auto en medio de la neblina. Aquel verano me costó mucho trabajo relajarme. Me sentía como si estuviera en tierra de nadie. Pero comencé a buscar a Dios con intensidad y deliberación. Y mirando al pasado, me siento agradecido de que me llevara tanto tiempo y me fuera tan difícil descubrir mi llamado, porque las respuestas fáciles producen convicciones poco profundas.

La aguja de la brújula dejó de dar vueltas, y encontré mi verdadero norte en agosto de 1989. Nuestra familia estaba pasando unas vacaciones en el lago Ida, en los campos de Alexandria, estado de Minnesota. Me levanté al salir el sol para salir a caminar y orar. Recorrí varios caminos de tierra y tomé un atajo a través de unas tierras de pasto para el ganado. Cuando estaba precisamente en medio de aquellos pastizales, oí algo que yo describiría como la voz inaudible pero audible de Dios. Un año antes, la dedicación total al ministerio no estaba ni siquiera en la pantalla de mi radar personal, pero yo sabía que Dios me estaba llamando a fundar y pastorear una iglesia. No tenía idea alguna de los pasos que debía dar, ni de adónde me llevaría aquel camino, pero sabía que tenía que correr un riesgo calculado. Así que tomé una decisión muy radical. Decidí transferir mis estudios de la Universidad de Chicago al Central Bible College, en Springfield, Missouri.

La mayoría de mis amigos pensaron que me había vuelto loco. La gente me decía que me estaba suicidando académicamente. La Universidad de Chicago había sido clasificada como la tercera universidad del país por el *U.S. News & World Report*. En cambio, el CBC en aquellos momentos no estaba acreditado ni siquiera regionalmente. Y tendría que renunciar a mi posición de encestador en el equipo de baloncesto y a una beca académica completa. La decisión de hacer aquella transferencia entre las dos instituciones no tenía sentido, ni académica, ni económica, ni atléticamente. La transferencia a aquella institución parecía tan lógica como perseguir a un león, pero la mayoría de los sueños que Dios nos da, mueren porque nosotros no estamos dispuestos a hacer algo que parece ilógico.

Puedo decir con toda sinceridad que en esa etapa de mi vida, no querría estar en ningún otro lugar, haciendo ninguna otra cosa. Estoy viviendo mi sueño como pastor general de la congregación National Community Church. Y me doy cuenta de que todo el gozo y la realización que he experimentado a lo largo de la década que ha pasado se remontan a un pequeño paso que resultó ser un salto gigantesco.

De ninguna manera habría estado preparado para pastorear una iglesia recién fundada cuando tenía veintiséis años, de no haber sido por mis dos años y medio en el Central Bible College.

Con frecuencia, lo bueno *sí es* enemigo de lo mejor. En el papel, yo tenía una buena situación en la Universidad de Chicago, pero lo bueno no es suficientemente bueno. A veces, correr un riesgo calculado significa renunciar a algo que es bueno, para poder experimentar algo que es grandioso. En cierto sentido, el pecado consiste en defraudarnos a nosotros mismos y defraudar a Dios. Es conformarnos con algo que es inferior a lo mejor que Dios tiene para nosotros. La fe es lo diametralmente opuesto a esto. La fe consiste en renunciar a los bienes menores para ir en pos de algo mayor. Y siempre comprende un riesgo calculado.

Estoy convencido de que lo único que se interpone entre nosotros y nuestro destino es un pequeño acto de valentía. Una decisión valiente podría ser lo único que hace falta para que tu sueño llegue a convertirse en realidad. Y puede ser algo tan sencillo como hacer una llamada telefónica, bajar a la computadora alguna aplicación o enviar un correo electrónico. Pero tenemos que empujar la primera ficha del dominó.

No soy historiador, ni hijo de historiador, pero permíteme que te haga una observación: Son los pequeños actos de valentía los que cambian el curso de la historia. Alguien corre un riesgo o adopta una posición firme. Alguien toma una decisión valiente o hace un sacrificio lleno de valor. Y eso causa un efecto dominó.

Ester dijo: «¡Y si perezco, que perezca!» Un copero real llamado Nehemías dijo: «Si a Su Majestad le parece bien, y si este siervo suyo es digno de su favor, le ruego que me envíe a Judá para reedificar la ciudad donde están los sepulcros de mis padres». Tres amigos judíos se niegan a inclinarse ante un ídolo babilónico: «¡No hace falta que nos defendamos ante Su Majestad! Si se nos arroja al horno en llamas, el Dios al que servimos puede librarnos del horno y de las manos de Su Majestad». Dos discípulos llamados Pedro y Juan dijeron: «Nosotros no podemos dejar de hablar de lo que hemos visto y oído».

Esas valientes decisiones demostraron ser momentos críticos.

Ester salvó del genocidio al remanente judío. Nehemías reconstruyó los muros de Jerusalén. Los tres amigos fueron ascendidos a puestos políticos de poder en Babilonia. Y todo el mundo antiguo oyó el evangelio porque fue imposible silenciar a Pedro y a Juan.

Para Benaía, el momento crítico llegó cuando persiguió a un león hasta un foso en un día en que estaba nevando, y lo mató. La reacción normal de una persona normal que se encuentra en medio del campo a un león carnicero, habría sido adoptar una postura defensiva. Benaía habría podido huir, y nadie lo habría menospreciado. Habría podido buscar su propia seguridad, y nadie lo habría considerado un cobarde. Pero en una fracción de segundo, él tomó otra decisión. Dio un pequeño paso hacia el león, y aquel pequeño paso se convirtió en un gigantesco salto hacia su destino final como comandante en jefe del ejército de Israel.

Ese paso tiene que haber sido el más largo y difícil de su vida. Era un paso ilógico. Iba contra su intuición. Pero Benaía no retrocedió. Dio un paso hacia delante. No huyó del león. Corrió hacia delante, al estilo de los kamikazes.

Y ese pequeño paso hacia el león resultó ser un momento decisivo en su vida.

Un asunto lleno de riesgos

Arriesgarse no es nada fácil. Hasta los riesgos aparentemente pequeños nos pueden asustar tanto, como perseguir a un león, o tener una pelea cuerpo a cuerpo con un gigante egipcio. Pero los cazadores de leones tienen el valor suficiente para vencer la inercia de la inactividad. Su temor a *perderse lo que puede resultar* es mayor que su temor a *meterse en un problema*.

Hace algunos años recibí un correo electrónico de una cazadora de leones llamada Natalie. Se estaba enfrentando a una decisión difícil, y yo le serví de caja de resonancia:

Hace casi un mes solicité una posición en el programa World-Teach de Harvard. Yo sabía que sería difícil conseguirla, pero eran demasiadas las «coincidencias» para que pasara por alto la oportunidad que Dios me estaba poniendo delante. La semana pasada hablaste de dar un paso en fe para seguir el llamado de Dios. Dijiste: «Dios siempre nos está llamando a un terreno desconocido. Quiere que vayamos a donde nunca hemos ido y hagamos lo que nunca antes hemos hecho».

En resumen, el gobierno de las islas Marshall ha declarado que la reforma educativa es su primera prioridad. Me han pedido que sea uno de los treinta delegados estadounidenses que ayuden en esa labor. ¿Me asusta irme a un país que tiene electricidad solamente en una de sus 1.229 islas? ¿Que no está «conectado» por medio de Internet, ni de los teléfonos celulares, sino por medio de la radio de onda corta? ¿Que está a más de seis horas de vuelo de cualquier otro lugar civilizado de importancia? ¿Que tiene el nivel más alto de envenenamientos por radiactividad en todo el planeta? Para responder a estas preguntas y a las demás que me andan dando vueltas por la cabeza, yo diría que sí. ¿Que si he pensado en rechazar esta oferta? Sí. ¿Que si creo que rechazar la oferta sería rechazar el llamado de Dios? Sí. ¿Que si voy a ir? Sí.

La obediencia consiste en estar dispuestos a hacer lo que Dios nos llame a hacer, cuando sea y donde sea. Y esto asume un aspecto muy distinto para cada uno de nosotros. No siempre nos obliga a recorrer medio mundo. Muchas veces, las acciones más valerosas solo nos exigen que atravesemos la habitación, o pasemos a la acera de enfrente.

Yo no puedo saber cuál es el león que Dios te ha llamado a perseguir. Podría significar que vayas a dar clases en una escuela urbana, o que comiences un negocio, o que te conviertas en padre sustituto. Podría significar que solicitaras entrar en un programa de alto nivel universitario, o que renunciaras a un puesto. Podría significar el que acabes una relación, o comiences una nueva. Pero una cosa sí es segura: Es imposible eliminar el riesgo de esa ecuación.

En parte, me pregunto si no nos habrán hecho creer algo que no es cierto. ¿Es idea que yo me hago, o da la impresión de que alguna gente actúa como si la fe fuera un intento por reducir los riesgos? Actúan como si la meta de la fe fuera eliminar los riesgos, de manera que nuestra vida sea, como reza el viejo himno, «segura y protegida de toda alarma».

¿Has leído últimamente la Biblia? La fe es un asunto arriesgado.

La meta de la fe *no* es la eliminación de los riesgos. De hecho, el mayor de los riesgos consiste en no correr riesgos. ¿Acaso no es ese el principio que presenta Jesús en la parábola de los talentos? Él elogia a los dos hombres que se arriesgaron y lograron ganancias. En cambio, al siervo que entierra su talento y devuelve lo mismo que le habían dado, lo llama «siervo malo y perezoso». ¿Por qué? Porque no estuvo dispuesto a correr un riesgo calculado. Tal vez arriesgarse sea algo que se encuentre en el centro mismo de la justicia. Tal vez ser justo tenga menos que ver con *no hacer nada malo*, que con *hacer correctamente las cosas*. La justicia consiste en utilizar los dones que Dios nos ha dado, al nivel del potencial que Dios ha puesto en ellos. Y eso nos exige correr riesgos. Tal vez nuestro concepto de la santificación esté demasiado esterilizado. Tal vez nuestro concepto del cristianismo sea demasiado civilizado. Tal vez necesitemos reflexionar de nuevo sobre lo que convirtió en héroes a nuestros antepasados espirituales.

«Otros sufrieron la prueba de burlas y azotes, e incluso de cadenas y cárceles. Fueron apedreados, aserrados por la mitad, asesinados a filo de espada. Anduvieron fugitivos de aquí para allá, cubiertos de pieles de oveja y de cabra, pasando necesidades, afligidos y maltratados. ¡El mundo no merecía gente así! Anduvieron sin rumbo por desiertos y montañas, por cuevas y cavernas».

Dios no nos ha prometido nunca una existencia libre de riesgos. A las personas buenas les pasan cosas malas. Y a las personas malas les pasan cosas buenas. Y eso nos causa una angustia inmensa, a menos que veamos la vida con los ojos de la eternidad. Los riesgos que corrieron muchos héroes de la fe los llevaron a terminar descuartizados y muertos. Eso no es precisamente un final bonito para un libro de cuentos. Dios nunca nos ha prometido que la recompensa a los riesgos que corremos la vayamos a recibir siempre de este lado de la eternidad. Al contrario, sí promete que cualquier riesgo —ordenado por Él— que corramos, será recompensado al otro lado de la continuidad de tiempo y espacio.

Ningún sacrificio

Creo que muchas personas cometen un error fundamental en cuanto a la forma en que ven su relación con Dios. La consideran en función de ganancias y pérdidas. La ven como un juego en el cual la suma total de lo que Dios gana y lo que nosotros perdemos equivale a cero. Se centran en aquello a lo que ellos tienen que *renunciar*, sin darse cuenta de que *reciben mucho más*. La relación con Dios es la forma máxima de relación en la que solo se puede salir ganando.

Permíteme correr un riesgo teológico: No creo que exista sacrificio alguno cuando uno sigue a Cristo.

Por supuesto, hemos sido llamados a «negarnos a nosotros mismos» y a «tomar nuestra cruz». Hemos sido llamados a «perder nuestra vida por su causa, para encontrarla». Y es cierto que experimentamos pérdidas temporales. Sin embargo, no creo que nadie haya sacrificado nada nunca para Dios. ¿Por qué? Porque siempre recibimos más de aquello a lo que hemos renunciado. Y si uno recibe más de lo que dio, ¿en realidad ha sacrificado algo?

El 4 de diciembre de 1857, el famoso misionero David Livingstone pronunció un discurso en la Universidad de Cambridge.

La gente habla del sacrificio que yo he hecho al pasar tantos años de mi vida en el África… Olvídense de esa palabra y de ese pensamiento. Les digo enfáticamente que no se trató de ningún sacrificio. Digamos más bien que ha sido un privilegio. La ansiedad, las enfermedades, los sufrimientos o los peligros de vez en cuando, con la inexistencia de las comodidades más comunes y los afectos de esta vida, tal vez nos hagan detenernos y causen que nuestro espíritu titubee y nuestra alma se hunda; sin embargo, esto solo es por un momento. Todas esas cosas no son nada, cuando se las compara con la gloria que será revelada en nosotros y para nosotros. Yo nunca hice sacrificio alguno.

Así que nunca has sacrificado nada por Dios. Pero permíteme ir más lejos aun: Si quisieras actuar siempre de acuerdo con tus mayores intereses, obedecerías *siempre* a Dios. Eso es lo que quiero decir. Eso es lo que quiero decir cuando me refiero a una relación en la que solo podemos ganar.

«Les aseguro —respondió Jesús— que en la renovación de todas las cosas, cuando el Hijo del hombre se siente en su trono glorioso, ustedes que me han seguido se sentarán también en doce tronos para gobernar a las doce tribus de Israel. Y todo el que por mi causa haya dejado casas, hermanos, hermanas, padre, madre, hijos o terrenos, recibirá cien veces más y heredará la vida eterna».

Existe un viejo aforismo que dice: «Nadie ha apostado jamás demasiado dinero a favor de un caballo ganador». Esto lo sé con toda seguridad: Al final de nuestra vida, de lo único que nos lamentaremos es de no haber buscado más o más pronto a Dios. Eso es todo.

Buscar la seguridad siempre es arriesgado

En la NCC tenemos un principio básico: Buscar la seguridad siempre es arriesgado. Y el mejor ejemplo de ese valor elemental aparece en

Mateo 14. En cierto sentido, Mateo 14 es uno de esos pasajes de las Escrituras que son también una especie de microcosmos de la vida.

Los discípulos iban remando para atravesar el mar de Galilea en medio de la noche, y Jesús fue a su encuentro caminando sobre el agua. Al principio, ellos pensaron que se trataba de un fantasma. De hecho, las Escrituras dicen que aquellos hombrones pescadores gritaron como niños aterrados. Sinceramente, a mí me parece que este pasaje revela el lado bromista de la personalidad de Jesús. ¿Te has escondido alguna vez detrás de una esquina para darle a alguien un susto de muerte? Jesús llevó esta manera de actuar a un nuevo nivel. Pero tenía una ventaja injusta cuando se trataba de hacer bromas: Podía caminar sobre el agua.

Cuando por fin los discípulos dejaron de gritar y Jesús acabó de reírse, les dijo: «¡Cálmense! Soy yo. No tengan miedo». Pedro le dijo: «Señor, si eres tú ... mándame que vaya a ti sobre el agua». Entonces Jesús le dijo: «Ven». Así fue como Pedro dio un pequeño paso fuera de la barca, y un salto gigante hacia Jesús. Y caminó también él sobre el agua.

Y en parte, yo quisiera que la historia terminara aquí, con los méritos de un final feliz. Pero también en parte me alegro de que no terminara aún.

«Pero al sentir [Pedro] el viento fuerte, tuvo miedo y comenzó a hundirse. Entonces gritó: "¡Señor, sálvame!"»

Quisiera decir algo acerca de lo que es dar un paso en fe: Uno casi siempre duda de haber hecho lo que debía. Toma la decisión de salirse de la barca —cambiar de carrera, terminar una relación o invertir en unos valores—, y después le vienen dudas. Se pregunta si no habrá cometido un error. *¿Será cierto que Dios me dijo que saliera de la barca?*

Y así es como comenzamos a hundirnos espiritualmente, porque dejamos de centrarnos en Jesús y comenzamos a enfocarnos en el viento y las olas.

En enero de 2003, le presenté a nuestra congregación la visión de una iglesia multisitios. En nuestro retiro anual de líderes, les dije a los dirigentes que íbamos a dar un paso de fe y abrir un segundo lugar en un cine situado junto a una parada del ferrocarril metropolitano de la zona del D.C., en el otoño de ese año. Luego le presenté la visión a la congregación al día siguiente en mi mensaje anual sobre «El estado de la iglesia».

Estuve sumido por completo en aquella visión el sábado y el domingo, pero al día siguiente tuve dudas. Las depresiones de los lunes son cosa común y corriente en los predicadores, pero yo toqué fondo. He aquí lo que escribí en mi diario:

Una vez que presenté la visión de la nueva fundación, sentí algo como: «¡Vaya! Ahora sí que tenemos que hacer esto». Era esa sensación «de miedo e intranquilidad» por la que uno pasa cada vez que intenta algo que nunca ha hecho.

Nunca olvidaré que me senté en un Starbucks del primer piso del Mall Ballston Common, en Arlington, Virginia, poco después de aquello, para leer un libro de Andy Stanley llamado *El líder de la próxima generación*. Fue algo divinamente oportuno. ¿Has tratado alguna vez de leer algo, y al hacerlo, has sentido como si se hubiera escrito exclusivamente para ti? Abrí el libro en un capítulo que hablaba de la incertidumbre, y leí lo que había escrito Andy Stanley:

Hablando en términos generales, es probable que nunca vayas a tener una certeza superior al ochenta por ciento. Esperar una certeza mayor equivaldría a perderte una oportunidad.

Es difícil de explicar, pero aquello me liberó de las dudas que estaba sintiendo. Dejé de centrarme en el viento y las olas, para volverme a centrar en lo que Dios nos estaba llamando a hacer. Sabía que por arriesgado o difícil que fuera, abrir otro lugar era lo que debíamos estar haciendo.

La mayoría de nosotros queremos tener una seguridad absoluta antes de dar un paso de fe. Nos encantan las garantías que ofrecen la devolución del ciento por ciento del dinero. Pero el problema de esto es el siguiente: Que saca la fe de la ecuación. No existe fe cuando no existe riesgo alguno. Y no se puede experimentar el éxito sin arriesgarse al fracaso.

Hundirse o quedarse sentado

A Pedro se le trata injustamente. Pedro es el discípulo que negó a Cristo tres veces, pero fue el único que se acercó a Él lo suficiente como para que lo descubrieran. Pedro es el discípulo impulsivo que le cortó la oreja a Malco cuando toda aquella chusma fue a arrestar a Jesús, pero fue el único que salió a defenderlo. Y fue el discípulo que se hundió en el mar de Galilea, pero también fue el único discípulo que caminó sobre el agua.

Es fácil criticar a Pedro desde los cómodos confines de la barca.

A mí me parece que en el mundo hay dos clases de personas: los creadores y los criticones. Hay gente que sale de la barca y camina sobre el agua. Y hay gente que se queda sentada en la barca para criticar a los que caminan sobre el agua.

Esto es lo que pienso: Es mejor hundirse que quedarse sentado.

Prefiero mojarme a que se me entumezca el glúteo mayor. Al final de todo, creo que de lo que más nos lamentaremos va a ser de los riesgos que Dios nos puso delante, y que no aceptamos. No nos lamentaremos de habernos hundido. Nos lamentaremos de habernos quedado sentados. En palabras del autor alemán Johann Wolfgang von Goethe, «el infierno comienza el día en que Dios nos concede la visión de contemplar todo lo que habríamos podido hacer, habríamos debido hacer y habríamos hecho, pero no lo hicimos».

Todo lo que no nos lleve al punto de salirnos de la barca, no es más que voyerismo espiritual. Es muy fácil criticar a los que caminan sobre el agua desde los cómodos confines de la barca. Pero yo pienso en los otros once discípulos que nunca han de haber olvidado esta oportunidad perdida. Piénsalo. Habrían podido caminar sobre el agua, pero decidieron quedarse en la barca. Se perdieron una oportunidad única en la vida porque no estuvieron dispuestos a correr un riesgo que les estaba presentando Dios.

Lamentarse de no haber actuado

¿Recuerdas aquello de lamentarse por haber actuado y lamentarse por no haber actuado, que vimos en el capítulo uno? Lamentarnos por haber actuado es lamentarse por haber hecho algo que no habríamos querido hacer. Lamentarnos por no haber actuado es lamentarnos por no haber hecho algo que habríamos querido hacer.

Yo tengo una buena cantidad de cosas que lamento haber hecho. Cuando estaba en la escuela intermedia, me sentí realmente mal por haber enviado a mi vecino a la sala de emergencias con una munición alojada en la parte superior del muslo. En verdad, no creía que fuera a tener tan buena puntería desde la ventana de mi habitación en el segundo piso. Él tiene que haber estado a unos quince metros de distancia, y mi rifle de aire comprimido Daisy BB ni siquiera tenía mirilla. Por desdicha, tengo mejor puntería de la que creía. Nunca olvidaré el sonido del timbre de la puerta, unos veinte segundos después de una de las decisiones más tontas de mi vida. Lamenté lo que había hecho. Me sentí con ganas de golpearme la frente con la palma de la mano mientras repetía: «Estúpido, estúpido, estúpido».

Todos hemos dicho y hecho cosas que lamentamos. Quisiéramos encontrar el botón de retroceso y deshacer lo que hicimos. ¿Quién no ha deseado en secreto tener la capacidad de volar en contra de la rotación de la tierra a una velocidad supersónica e invertir el tiempo, como hace Superman?

Todos hemos lamentado haber hecho cosas, pero me parece que nos lamentamos más profundamente por las oportunidades que hemos desperdiciado. Lamentarnos por algo que hemos hecho nos sabe mal, pero lamentarnos por no haber hecho lo que debíamos nos deja un regusto amargo que dura para toda la vida. Esa inacción por la que nos lamentamos nos sigue persiguiendo porque nos deja siempre pendiente la pregunta «¿Y si...?» Nos preguntamos cómo habría sido de diferente nuestra vida si hubiéramos corrido aquel riesgo, o hubiéramos aprovechado aquella oportunidad. ¿Y si hubiéramos perseguido al león en lugar de salir huyendo? Por alguna razón, nos parece que nuestra vida está incompleta. No correr un riesgo es casi como perder una pieza del rompecabezas que es nuestra vida. Deja un agujero permanente en el rompecabezas. Cuando lleguemos al final de nuestra vida, de lo que más nos lamentaremos será de las piezas que le faltan.

Esa convicción tiene el respaldo de la investigación hecha por dos expertos en psicología social de Cornell, llamados Tom Gilovich y Vicki Medvec. Su investigación encontró que el tiempo es un factor clave en aquello de lo cual nos lamentamos. Solemos lamentarnos de nuestras acciones a corto plazo. Sin embargo, a largo plazo, tendemos a lamentarnos de lo que no hemos hecho. Su estudio halló que en una semana promedio, nos lamentamos algo más por lo que hemos hecho, que por lo que no hemos hecho: cincuenta y tres por ciento contra cuarenta y siete por ciento. Pero cuando las personas miran su vida como un todo, las cosas que no hicieron y de las cuales se lamentan, superan a las que hicieron en una proporción del ochenta y cuatro al dieciséis por ciento.[2]

La mayoría de nosotros lamentamos a corto plazo nuestros pecados de comisión. Pero son los pecados de omisión, las oportunidades perdidas, los que nos persiguen durante el resto de nuestra vida. No nos lamentaremos tanto de los errores que hayamos cometido, como de las oportunidades que Dios nos ha enviado y no hemos sabido aprovechar. En otras palabras, de lo que más nos lamentaremos al final de nuestra vida es de los leones que *no hemos* perseguido.

Hace algunos años, la congregación National Community Church ayudó a construir un Centro de Teen Challenge en Ocho Ríos, Jamaica. Después de terminar nuestra misión, nuestra familia se quedó en Jamaica unos días para descansar y disfrutar de la isla. Estábamos hospedados cerca de Montego Bay, pero yo me encontré un folleto para turistas que hablaba de saltar de los acantilados de Negril. Desde el mismo segundo en que lo vi, supe que necesitaba hacerlo. No obstante, siempre encontrábamos una excusa. Antes de darme cuenta, ya estaba en un avión de camino a casa, y recuerdo haber pensado: *Tal vez nunca regrese a este lugar.* Aún lamento no haber saltado de aquellos acantilados. ¡Eso sí que es bautismo por inmersión! Aún me siento como si hubiera desperdiciado una experiencia única en la vida.

En el gran esquema de las cosas, ese sentimiento no es nada que me vaya a destrozar la vida. Es más bien benigno. Y sin embargo, me sigue persiguiendo. Hasta hoy lamento no haber saltado desde aquel acantilado.

Si te pareces en algo a mí, entonces a tu rompecabezas ya le faltan unas cuantas piezas. Hay algunas cosas que te lamentas de no haber hecho. En ese caso, ¿qué haces con ellas? Te puedes regodear en tu autocompasión. Te puedes dar una entrada a golpes. Te puedes ahogar en un pozo de lamentos. O bien, puedes canalizar esos lamentos hacia un enfoque más valiente de la vida. Puedes tomar la decisión de perseguir al león del que saliste huyendo la última vez. Pelea por tu segundo matrimonio. Lleva a buen fin tu próximo embarazo. Pide ingresar de nuevo a ese programa. Compite en *American Idol* en la próxima temporada.

Henry David Thoreau da un consejo de valor eterno en cuanto a la redención de esos lamentos:

> Sácales el mejor partido posible a las cosas de las que te lamentas; nunca reprimas tus lamentos; cuida de ellos y estímalos hasta que lleguen a adquirir un interés separado e integral. Lamentarse profundamente es vivir de nuevo.

Gallina

Hace más o menos un año me invitaron a dar una conferencia en una reunión comunitaria de Capitol Hill, para ponerlos al día con respecto a nuestro proyecto con la cafetería. Nosotros acabábamos de comenzar la construcción de Ebenezers, y un grupo de líderes de la comunidad querían oír más acerca de nuestros planes. Yo les di un informe sobre el progreso, compartí algo de la visión y después me hicieron preguntas.

Una de las preguntas me puso a la defensiva. Alguien me preguntó qué significaba el nombre «Ebenezers». En lugar de hablar directamente para decir que era una palabra hebrea tomada de I Samuel 7:12, que significa «El Señor no ha dejado de ayudarnos», me volví gallina. Les dije: «Básicamente, lo que significa es que hasta el momento, todo va bien». Sin embargo, eso no es lo que significa, porque si se deja solo así, se está sacando a Dios de la ecuación.

Ahora permíteme poner esta historia dentro de su contexto.

Yo me puse a la defensiva por un par de razones. En demasiadas ocasiones, hablar de una «cafetería cristiana» es un oxímoron, una combinación de dos cosas con sentidos opuestos. He visto una gran cantidad de cafeterías cristianas que no le hacen justicia al cristianismo ni al café. Y me preocupaban las percepciones negativas que las personas podrían llegar a tener si pensaban que nuestra cafetería iba a ser una de esas.

Otro factor que me puso a la defensiva fue una de las personas que estaban presentes. Unas pocas semanas antes, habíamos organizado nuestra caza de huevos de Pascua en Capitol Hill, y una de las damas que asistieron se quejó. Dijo que estábamos hablando demasiado de Jesús. ¡Que Dios no lo permita nunca! Nosotros le explicamos que habíamos provisto todos los fondos para aquella celebración, que teníamos permisos para el servicio en el parque, y que, al fin y al cabo, éramos *una iglesia*. Además, existen esas piedras angulares de la democracia conocidas como la libertad de expresión y la libertad de religión. Pero eso no pacificó su antagonismo contra nosotros. Para resumir la historia, esa mujer se encontraba en aquella reunión de la comunidad. Y pienso que eso me puso de manera subconsciente en una postura defensiva. De manera que, en vez de ofender a aquella mujer, ofendí *al Espíritu Santo*, al sacar a Dios de la ecuación de nuestra cafetería.

Me fui a casa, y sentí una gran convicción por parte del Espíritu Santo y de mi esposa. Le doy gracias a Dios por tener una esposa piadosa que me puede decir las verdades con amor. Le pedí perdón a Dios, porque sabía que me había comportado como un gallina. Y le prometí que nunca lo volvería a sacar a Él de la ecuación. Le prometí que no volvería a ponerme a la defensiva en cuanto a mi relación con Él. Y le prometí que le daría honra a quien honra se mereciera, sin excusas ni vergüenzas.

Esa experiencia fue un momento definitorio para mí. Me habría podido castigar a mí mismo por haberme comportado como un cobarde. Sin embargo, canalicé el arrepentimiento que sentía hacia una nueva decisión de perseguir a los leones cada vez que se me cruzaran en el camino.

Cascos protectores

En esencia, existen dos maneras de enfrentarse a la vida: jugar para ganar y jugar para no perder. ¿Podrías adivinar a cuál de los dos campos pertenecen los que cazan leones? Demasiadas personas están jugando el juego de la vida de una manera tentativa, como si la razón de ser de la vida fuera llegar seguros a la muerte. Necesitamos inspirarnos en los primeros creyentes que compitieron por el reino.

«Desde los días de Juan el Bautista hasta ahora, el reino de los cielos ha venido avanzando contra viento y marea, y los que se esfuerzan logran aferrarse a él».

Seguir a Cristo es algo que no tiene ni remotamente nada de pasivo. Algunos de nosotros enfocan nuestra relación con Cristo como si hubiéramos sido llamados a jugar una especie de «defensa preventiva», cuando deberíamos estar en una «ofensiva de dos minutos». Hay quienes actúan como si la fidelidad consistiera en no perder la pelota, cuando en realidad la fidelidad consiste en anotar puntos. La fidelidad no tiene nada que ver con el mantenimiento del statu quo, o con la idea de no perder el fortín. En cambio, sí tiene todo que ver con la competencia por el reino, y en arremeter contra las puertas del infierno. ¡Hasta con una pistola de agua, si hace falta!

Este año que pasó, le hice de entrenador al equipo de baloncesto del cuarto grado en el que estaba mi hijo. Al principio de la temporada, la mayoría de los muchachos no sabían cómo jugar. No tenían instintos de ninguna clase para el baloncesto. De hecho, los comienzos de los juegos eran un caos total. A pesar de mis repetidos intentos por señalarles cuál era la dirección correcta, la mayor parte de ellos no sabían cuál era la canasta que tenían que defender, y cuál la canasta en la que debían encestar. De vez en cuando, nuestros muchachos jugaban a la defensiva en la mitad de la ofensiva, y ofensiva en la mitad de la defensiva. Algunas veces estaban totalmente ignorantes ante el hecho de que éramos nosotros los que teníamos la pelota, así que les tenía que gritar hasta desgañitarme: «¡Están a la ofensiva! ¡Están a la ofensiva!»

Algunas veces me pregunto si la nube de testigos que está sentada en las gradas celestiales no nos estará gritando: «¡Estás a la ofensiva! ¡Estás a la ofensiva!»

Jesús le dio una encomienda a la iglesia en Mateo 16:18: «Edificaré mi iglesia, y las puertas del reino de la muerte no prevalecerán contra ella».

Las puertas son mecanismos de defensa. Para arremeter contra esas puertas se necesitan medidas de ofensiva. Piensa en la iglesia como si fuera un ariete.

En su libro *Teaching a Stone to Talk* [Enseñar a hablar a una piedra], Annie Dillard toca un punto neurálgico en la descripción que hace de la iglesia.

En general, fuera de las catacumbas, no encuentro a los cristianos lo suficientemente sensibles a la situación reinante. ¿Tiene alguien la más remota idea de la clase de poder que nosotros invocamos de manera tan despreocupada? O, como yo sospecho, ¿se trata de que nadie cree una sola palabra de todo esto? Las iglesias son niños jugando en el suelo con sus equipos de química, mezclando una tanda de dinamita para matar una mañana dominical.

Es una locura que llevemos sombreros de señora hechos de paja, y sombreros de terciopelo a la iglesia; todos deberíamos llevar cascos protectores. Los ujieres deberían repartir salvavidas y bengalas para hacer señales; nos deberían atar a nuestros bancos. Porque el dios dormido se podría despertar un día, y lanzarse a la ofensiva, o el dios despierto nos podría arrastrar hasta un lugar del cual nunca podremos regresar[3]

¿Hay alguien más que se sienta cansado de que la iglesia solo juegue a la defensiva? ¿Por qué será que la iglesia es más conocida por las cosas a las cuales nos oponemos, que por las cosas que apoyamos? ¿Por qué da la impresión de que la iglesia siempre se encuentra en una postura defensiva? Tal vez ya sea tiempo de que los seguidores de Cristo se pongan cascos protectores y jueguen a la ofensiva.

Dios está levantando una generación de cazadores de leones que no se limitan a huir del mal. Está levantando una generación de cazadores de leones que tienen el valor necesario para competir por el reino.

Yo tengo el gozo de pastorear a una gran cantidad de cazadores de leones. La mayoría de ellos hacen lo que hacen en medio de una oscuridad relativa. Nunca los verás en *Larry King Live* ni en *Oprah*. Pero con su valentía, están cambiando realmente las cosas en sus respectivos llamados.

Pienso en directores legislativos y secretarios de prensa que trabajan en las oficinas del Congreso redactando las leyes y trazando la estrategia de las campañas. Pienso en un antiguo interno de la NCC que se está especializando en cine y se siente tan llamado a Hollywood como yo lo estoy al D.C. Pienso en los actores y los artistas que están cambiando las cosas en el escenario y fuera de él. Pienso en los maestros que podrían estar ganando mejores sueldos en mejores distritos escolares, pero se sienten llamados a trabajar en el sistema público de educación del D.C. Pienso en los periodistas que hay en nuestra congregación, que producen los programas que vemos y escriben las historias que leemos. Pienso en un amigo que es miembro de las juntas de seis instituciones de caridad que están utilizando sus recursos para hacer un santo cambio en la situación. Y pienso en un antiguo interno que trabajaba con un juez del Tribunal Supremo, y que cualquier día podría estarse sentando en uno de esos puestos. Los cazadores de leones no se dan a la retirada. Atacan. Los cazadores de leones no reaccionan. Crean. Los cazadores de leones se niegan a vivir siempre en una postura defensiva. Están buscando activamente las maneras de causar un impacto a su alrededor.

En su libro *Roaring Lambs*, Bob Briner reflexiona sobre las convenciones misioneras a las que asistía cuando era pequeño, y donde se exhortaba a los niños a comprometerse con las misiones. Y eso es algo maravilloso. Los misioneros son héroes. Sin embargo, estoy de acuerdo con él cuando dice que es necesario que prevalezca el mismo espíritu cuando enviemos a nuestros hijos a profesiones de las que le dan forma a la cultura, como el mundo del espectáculo, el periodismo, la educación y la política.

Me imagino a toda una generación que reclame esas carreras con el mismo vigor y el mismo grado de compromiso que enviaron a China hombres como Hudson Taylor.

¿Por qué no creer que un día el director más aclamado por los críticos de Hollywood pueda ser un laico cristiano activo en su iglesia? ¿Por qué no tener la esperanza de que el Premio Pulitzer por reportajes de investigación recaiga en un periodista cristiano que sea miembro del personal de un gran periódico diario? ¿Es en realidad demasiado pedir el pensar que una exhibición de importancia en el Museo de Arte Moderno pueda presentar las obras de un artista que sea miembro del personal de uno de nuestros excelentes Colegios Universitarios Cristianos? ¿Estoy loco cuando sugiero que tu hijo o tu hija podría ser el primer bailarín o la primera bailarina de la Compañía de Ballet Joffrey, y dirigir un estudio bíblico semanal para los demás bailarines en una profesión que en el pasado se consideraba en plena bancarrota moral?[4]

Necesitamos dejar de criticar a la cultura y comenzar a crearla.

Pablo no boicoteó el Areópago. No se puso fuera a piquetear con un letrero que dijera: «Atenienses Idólatras se van a ir todos al infierno en una canasta». Pablo no estaba jugando para no perder. Estaba jugando para ganar, así que se enfrentó a algunas de las mayores mentes filosóficas del mundo antiguo. Compitió por la verdad en el terreno de ellos.

En vez de quejarnos sobre el presente estado de las cosas, necesitamos ofrecer unas alternativas mejores. Necesitamos hacer películas mejores y música mejor. Necesitamos escribir libros mejores. Necesitamos fundar mejores iglesias y mejores negocios.

Como lo sugiere el viejo aforismo, ¡necesitamos *dejar de maldecir las tinieblas y comenzar a encender unas cuantas velas!*

En palabras de Miguel Ángel, necesitamos criticar a base de crear. Y no se puede crear sin antes correr un riesgo calculado.

REVISIÓN DEL CAPÍTULO 6

Puntos a recordar

- Los pequeños cambios y las pequeñas decisiones se van haciendo mayores con el tiempo y tienen grandes consecuencias.
- A veces, correr un riesgo calculado significa renunciar a algo que es bueno, para poder experimentar algo que es grandioso.
- Una decisión valiente podría ser lo único que hace falta para que tu sueño llegue a convertirse en realidad.
- La meta de la fe *no es* la eliminación de los riesgos.
- La relación con Dios es la máxima relación siempre ganadora, porque *nunca* podrás renunciar a más de lo que vas a recibir de Él.
- No nos lamentaremos tanto de los errores que hayamos cometido, como de las oportunidades que Dios nos ha enviado y no hemos sabido aprovechar.
- Seguir a Cristo es algo que no tiene nada de pasivo.

Comienza la caza

Mark afirma: «No existe una fe verdadera sin riesgos». ¿Cuáles son los riesgos que están impidiendo que te lances a una tarea importante o crezcas en un aspecto importante de tu vida en este momento?

Capítulo 7

Agarra la oportunidad por la melena

Los humanos siempre están culpando a las circunstancias por
lo que ellos son. Yo no creo en las circunstancias.
Los que progresan en este mundo son los que se
levantan y buscan las circunstancias que quieren
y, si no las pueden encontrar, las fabrican.

George Bernard Shaw

Hace casi un año almorcé con John, un abogado de Georgetown que asiste a la congregación National Community Church. En el papel, daba la impresión de que John tenía todo lo que necesitaba. Tenía una práctica legal bien establecida y ganaba una gran cantidad de dinero. Sin embargo, había un problema que le molestaba. ¿O sería mejor que dijera que se trataba de una oportunidad? Ya no quería seguir practicando el derecho. Quería dedicarse a hacer películas.

John me habló de su sueño durante el almuerzo, que lucía lo suficientemente loco como para reunir las cualidades de algo que viniera de Dios. Los cambios insensatos de carrera parecen formar parte habitual de la vida de los que siguen a Cristo. Jesús mismo estaba dedicado a la carpintería hasta que comenzó su ministerio.

Hablamos de algunos de los retos a los que se enfrentaría y algunos de los sacrificios que tendría que hacer. Pero parecía como si hubiera una convergencia de circunstancias en ese momento en su vida que hacía inconfundible ese llamado. De hecho, aún recuerdo la analogía que utilizó. Me dijo que se sentía como si el cubo de Rubik estuviera a punto de resolverse. Yo no sabría decir cómo se siente uno en esa situación. En realidad, nunca he resuelto ninguna de esas cosas. Pero me gustó la analogía. Así que oramos para que Dios le abriera una puerta de oportunidad. Pagué la cuenta y regresamos cada cual a su rutina diaria.

Unos meses más tarde, John estaba leyendo la edición dominical del *Washington Post*, y una historia sobre el tráfico con seres humanos en Uganda no solo captó su atención, sino que le llegó al espíritu. Atraían (y siguen atrayendo) a muchachitas jóvenes a una vida de esclavitud sexual, a pesar de que el gobierno de Uganda trata de combatir esta práctica con becas de castidad. Mi amigo habría podido tirar aquel periódico en el canasto de reciclaje y olvidarse de él. Sin embargo, sintió que era necesario que hiciera algo. Así que buscó Uganda en Google. Aquella búsqueda en Google lo dirigió a un intrincado rastro cibernético, hasta dar con un profesor que estaba dirigiendo un viaje a Uganda con el propósito de filmar documentales. A pesar del hecho de que no tenía experiencia ni equipo, mi amigo solicitó su ingreso en el programa. Y su sinceridad total acerca de su falta de capacidad fue su billete de ida para Uganda. El profesor le dijo: «Debido a que me dijo la verdad, puede venir».

Nunca olvidaré la llamada telefónica de John después de haber sido aceptado en el programa. Es una de esas conversaciones que tengo grabadas en mi corteza cerebral. Mi amigo estaba emocionado con la oportunidad, pero tenía una gran cantidad de preguntas y preocupaciones. Para ser sincero, no estaba seguro en cuanto a si debía ir o no. No estaba seguro de que sus vacunas le hicieran efecto a tiempo para el viaje. No sabía si podría conseguir una visa con tanta rapidez. Y titubeaba en cuanto a dejar solos a su esposa y a sus hijos por tres semanas. Sopesamos los pros y los contras. Calculamos los costos lo mejor que pudimos. Pero al final de la conversación, nos parecía que se podía tratar de una oportunidad facilitada por Dios. Todas aquellas «casualidades» parecían tener las huellas dactilares de Dios por todas partes. Y la historia se pone mejor aún.

Una semana antes de salir para Uganda, John fue invitado a una fiesta de la industria cinematográfica. Él no quería ir. Estaba físicamente exhausto a causa de la preparación para el viaje, y todavía le quedaban un millón de detalles por resolver antes de salir del país. Pero su esposa sentía que él debía acudir a la reunión. De hecho, oró para que allí hiciera un contacto importante. Llámame loco, pero si vas a ir a Uganda para filmar un documental, yo te diría que la embajadora de Uganda en los Estados Unidos puede ser considerada como un contacto significativo. Mi amigo, no solo conoció a la embajadora de Uganda en la fiesta, sino que también, como seguidora de Cristo, sintió tanta afinidad por aquel proyecto de filmación, que lo invitó a encontrarse con ella en la Embajada de Uganda al día siguiente.

¿Te puedes imaginar a John tratando de concertar una cita con la embajadora de Uganda así, cuando menos se lo esperaba? ¿Cuáles serían las posibilidades que tendría de llegar realmente a verla? Pero Dios se dedica a asegurarse de que nuestro camino se cruce con la gente debida y en el momento oportuno. El Espíritu Santo nos puede abrir puertas que parecen cerradas firmemente con candado. Como dijo la esposa de mi amigo: «Jesucristo es el personaje de mayor influencia en Washington».

En resumen, John se pasó tres semanas haciendo su documental, y tres meses editándolo y produciéndolo. Entonces, hace solo unas semanas, nosotros tuvimos el privilegio de ser los anfitriones del estreno de su documental de media hora, titulado *Sing* [Canta].

Pero la historia no termina aquí.

John me llamó la semana pasada y me dijo que acababa de conseguir su primer contrato en el mundo cinematográfico. Trabajaría como director asistente y productor en una película principal que costaría veinte millones de dólares. Algún día vas a ver su nombre en los créditos que ponen las películas al final, o tal vez lo llegues a ver incluso recibiendo un Oscar.

Todo lo que te puedo decir es esto: Los sueños locos aún se siguen convirtiendo en realidad. Si Dios puede convertir culturistas en jueces, o pescadores en apóstoles, o pastores en reyes, entonces decididamente puede convertir abogados en productores de películas.

Ahora bien, permíteme que haga una observación. Es algo que he visto innumerables veces en la vida de otros y en la mía propia. Los sueños suelen comenzar como oportunidades del tamaño de una semilla de mostaza. De hecho, los sueños más grandes comienzan con frecuencia como las oportunidades más pequeñas. La semilla es tan pequeña, que te preguntas si realmente podrá crecer hasta convertirse en algo significativo.

Para mi amigo, fue una historia que leyó en un periódico. Habría podido pasar por alto aquel artículo. Habría podido hacer caso omiso de la difícil situación del tráfico con seres humanos. Habría podido pensar en su interior: *Me gustaría que alguien hiciera algo sobre esto*. Pero una semilla había sido sembrada en su espíritu. Y una búsqueda organizada por Dios en Google le reveló una oportunidad única.

Mi amigo estaba asustado. Aquella oportunidad comprendía una gran cantidad de sacrificios. Y era francamente arriesgada. Pero los cazadores de leones reconocen una oportunidad facilitada por Dios cuando la ven. Y están dispuestos a perseguir esas oportunidades por medio mundo, si eso es lo que Dios los está llamando a hacer.

Las semillas de mostaza

Nuestro destino final es determinado por el hecho de aprovechar o dejar pasar las oportunidades que Dios nos va presentando. Si aprovechamos esas oportunidades, las piezas de dominó seguirán cayendo una tras otra, y crearán una reacción en cadena. Pero si nos perdemos esas oportunidades, estaremos creando un cortocircuito en el plan de Dios para nuestra vida. Eso no significa que debamos vivir temiendo el que de alguna manera nos vayamos a alejar de la voluntad de Dios. Él nos seguirá dando segundas, terceras y cuartas oportunidades.

Cuarenta años después que un crimen convirtió a Moisés en fugitivo, Dios le volvió a abrir las puertas y le dio una segunda oportunidad. La gracia de Dios no tiene fecha de vencimiento. Dios nos seguirá abriendo las puertas de las oportunidades mientras tengamos vida. Pero yo no querría retrasar el proceso cuarenta años; ¿querrías hacerlo tú? La vida es demasiado breve. Yo quiero aprovechar la oportunidad la primera vez que se presente.

Ahora, ponte en las sandalias de Benaía.

Esta historia habría podido tener un guion muy diferente. Benaía ve un león. Benaía sale huyendo. Benaía suspira de alivio. No hubo daños. No se metió en un enredo.

Huir del león habría sido la actuación más lógica. Hay quienes la habrían calificado de prudente. Pero adivina una cosa. Benaía habría desaparecido en los anales de la historia, y se habría perdido entre tantas almas tímidas que se han encogido de miedo, en lugar de dar un paso de fe.

Por supuesto, hay momentos en que debemos ser prudentes. Sin embargo, también hay momentos en que debemos ser valientes.

Yo conozco una gran cantidad de personas prudentes. Pagan sus impuestos a tiempo. Conducen su auto dentro del límite de velocidad permitido. Y siempre llevan consigo una muda extra de ropa interior. Respeto a esas personas, pero ese nivel de respeto no puede ni comenzar a compararse con el respeto que siento por la gente valiente.

Benaía habría podido actuar con prudencia y huir del león. Estoy seguro de que en el fondo de su mente, una voz le decía que «no sería prudente» perseguir al león. Pero las Escrituras no lo describen como un hombre prudente. El adjetivo que utilizan es *valiente*.

Los cazadores de leones no son la gente más prudente del planeta. Siempre están a la caza de oportunidades. No se centran en un intento por evitar los problemas. Su *modus operandi* consiste en aprovechar las oportunidades que Dios les pone enfrente. Y como mi amigo, el abogado convertido en productor de cine, lo típico es que todo comience con oportunidades del tamaño de un grano de mostaza.

Benaía tuvo que demostrar quién era, como todo el mundo. Comenzó como guardaespaldas del rey de Israel. Aquella posición tenía un rango bajo dentro del gobierno, y apenas le pagaban lo suficiente para poner el pan en la mesa. Es probable que se tuviera que buscar un segundo trabajo. Pero evidentemente logró demostrar su valor en ese trabajo, porque fue nombrado comandante del ejército, y se puso bajo su mando una división de veinticuatro mil hombres. Y con seguridad habrá demostrado de nuevo su valía, porque Salomón, el sucesor de David, lo nombró comandante en jefe de todo el ejército de Israel.

¿Cómo cumplió Benaía con su destino y convirtió su sueño en realidad? ¿Cómo fue ascendiendo por la cadena militar de mando hasta llegar a lo más alto de la escalera? ¿Cómo se convirtió en la persona más poderosa de Israel después del propio rey?

Lo hizo a base de aprovechar las oportunidades, una tras otra.

Nosotros no nos damos cuenta de que Benaía tuvo que formarse un currículum vítae, presentar referencias, pasar una entrevista y ser autorizado a entrar en los círculos de seguridad antes de conseguir el puesto de guardaespaldas.

Nada ha cambiado en tres mil años. Los sueños se siguen alcanzando de uno en uno.

Así que este es mi consejo. No te contentes con la prudencia. Esfuérzate por ser valiente. Haz la llamada. Solicita entrar al programa. Envía el correo electrónico. Entrega tu renuncia. Consigue la reunión.

La genealogía del éxito siempre se remonta a unas oportunidades pequeñas como granos de mostaza. Sácales el mayor partido posible. Dicho sea de paso, me parece que muchos de nosotros no aprovechamos las oportunidades pequeñas porque estamos buscando las grandes. Sin embargo, las Escrituras hablan de no «menospreciar los días de los modestos comienzos».

Benaía comenzó como guardaespaldas. Josué fue ayudante personal. Eliseo fue aprendiz. Y Nehemías fue copero.

Tienes que demostrar de lo que eres capaz cuando se te presenten las oportunidades pequeñas. Y cuando lo hagas, Dios pondrá en tu camino oportunidades más grandes y mejores.

La mayordomía de las oportunidades

Tal vez nunca antes hayas oído hablar de él. Su nombre aparece en un solo versículo de un solo capítulo y en un solo libro de la Biblia. Pero ese único versículo habla grandes cosas. Es una nota bíblica al pie de página, pero como Benaía, hizo algo sumamente notable. Él solo liberó a los israelitas de manos de los filisteos.

«El sucesor de Aod fue Samgar hijo de Anat, quien derrotó a seiscientos filisteos con una vara para arrear bueyes. También él liberó a Israel».

Que nosotros sepamos, Samgar no tenía armadura, entrenamiento militar ni armas. No había nada que lo capacitara para hacer lo que hizo. Samgar era boyero. Y todo lo que tenía era una vara para arrear bueyes; una larga vara que se usaba para pinchar a los bueyes cuando estaban arando.

Cuando se están escogiendo armas para lanzarse a la guerra, en la lista no entra siquiera una vara de arrear bueyes. Imagínate solamente lo que Samgar habría podido hacer con un arma verdadera, como una espada o una lanza. Pero no tenía ni espada ni lanza. Todo lo que tenía era aquella vara. De manera que hizo lo mejor que pudo con lo que tenía a mano.

Samgar y Benaía son almas gemelas. Ambos manifestaron una valentía colosal. Ambos desafiaron a todas las probabilidades. Ambos cambiaron el curso de la historia. Y ambos habrían podido hallar una excusa lógica para no meterse en problemas.

Samgar era superado en seiscientos filisteos. Y todo lo que tenía era una vara para arrear bueyes.

El egipcio tenía una lanza del tamaño de un rodillo de telar. Y todo lo que Benaía tenía era un palo.

Pero los que persiguen leones no andan buscando excusas. No centran su atención en las desventajas. Encuentran la manera de hacer que las circunstancias funcionen a su favor. Si es necesario, le hacen al egipcio una llave de lucha libre en el cuello y le arrebatan la lanza de la mano.

¿Verdad que es irónico que haya gente que tenga tanto y haga *tan poco*, mientras que hay otros que tienen tan poco y hacen *tanto*? Los cazadores de leones no permiten que aquello que *no pueden* hacer les impida hacer aquello que *sí pueden*.

Yo tengo una sencilla definición de lo que es el éxito. El éxito consiste en sacarle el mejor partido a lo que uno tiene, y donde lo tiene. En cierto sentido, el éxito es relativo. Es tan único como tus huellas dactilares. Adquiere un aspecto diferente para las distintas personas, según sus circunstancias y sus dones. Pero hay un denominador común que encuentro en todas las personas que triunfan. Son capaces de descubrir una oportunidad a dos kilómetros de distancia. Y se aferran a esa oportunidad con las dos manos. Agarran a la vida por la melena. Y eso es la mayordomía de las oportunidades.

Piensa en todas las oportunidades como regalos de Dios. Lo que tú hagas con una oportunidad es el regalo que tú le haces *a Él*.

"Compórtense sabiamente [...] aprovechando al máximo cada momento oportuno».

Este texto de las Escrituras no especifica si las oportunidades son muchas o pocas. No nos dice si son pequeñas o grandes. Sencillamente, nos dice que necesitamos aprovechar al máximo *todas* y cada una de ellas.

La palabra griega que se traduce como *oportunidad* es *kairós*. Este vocablo se refiere a «un momento en que se presenta una oportunidad fortuita». Ver y aprovechar las oportunidades es algo que constituye una dimensión de la madurez espiritual que se suele pasar por alto y valorar poco. Todos los días están repletos de incontables oportunidades que Dios nos presenta. No pasa ni un solo día en el que no tengamos una oportunidad para amar, una oportunidad para servir, una oportunidad para dar, o una oportunidad para aprender.

No obstante, aquí hay una trampa. El viejo aforismo está equivocado. Las oportunidades no nos tocan a la puerta. ¡Las oportunidades rugen!

La mayoría de nosotros queremos que nuestras oportunidades nos lleguen bien empacadas, como un obsequio que se nos hace, y que solo tenemos que abrir. Queremos nuestros leones disecados, enjaulados o asados término medio bien hecho y servidos en bandeja de plata. Pero lo típico es que las oportunidades se nos presenten en los momentos más inoportunos, y en los lugares menos adecuados.

Los dos moabitas no programaron un encuentro con el ayudante de Benaía. El egipcio no fue a *tocarle* a la puerta de su casa. Lo que hizo fue *derribarla*. Y el león no se tiró al suelo y se hizo el muerto.

Esta es la gran ironía de las oportunidades. Suelen venir disfrazadas de problemas imposibles de superar. Tienen el aspecto de leones de más de doscientos kilos que nos quieren comer para el almuerzo. O parecen seiscientos filisteos que se lanzan sobre ti.

Para la persona promedio, las circunstancias que se le presentaron a Benaía eran problemas de los cuales huir; no eran oportunidades que aprovechar. Sin embargo, Benaía no veía un problema de doscientos kilos. Lo que veía era una piel de león colgada en su tienda de campaña.

Los cazadores de leones son la clase de personas que se elevan a la altura de las ocasiones. Son la clase de personas que se niegan a dejarse intimidar por moabitas o por filisteos. Los cazadores de leones juegan para ganar. Luchan por aquello en lo que creen. No se pasan la vida sentados sobre los talones. Viven siempre caminando sobre la punta de los dedos, en espera de ver lo que Dios va a hacer a continuación.

El sistema de activación reticular

A veces me pregunto si Benaía no aprendería a orar con David. Tendría sentido, ¿no es cierto? Al ser su guardaespaldas, Benaía permanecía siempre junto a David. Cuando David iba a su lugar secreto para orar, era Benaía quien se quedaba guardando la puerta. No podía menos que escuchar las oraciones de David. En ese aspecto, a mí me parece que David debe haber sido la clase de persona que oraba con su personal. La oración formaba parte de la urdimbre de la rutina diaria de David. Y me parece que contagió a Benaía. Pienso que Benaía aprendió a vivir enfocado continuamente en la oración, con David, el mismísimo guerrero de la oración.

El Salmo 5:3 revela la forma en que David comenzaba el día siempre: «Por la mañana, Señor, escuchas mi clamor; por la mañana te presento mis ruegos, y quedo a la espera de tu respuesta».

Uno de nuestros grandes defectos espirituales es que tenemos unas *expectativas muy limitadas*. No esperamos mucho de Dios, porque no le estamos pidiendo gran cosa.

Cuando mi vida de oración funciona con los ocho cilindros de su motor, soy capaz de creer que Dios lo puede hacer todo. En cambio, cuando me desplomo en mi vida de oración, me cuesta trabajo creer que Dios pueda hacer algo. Las expectativas limitadas son un subproducto de la falta de oración. En cambio, la oración tiene una manera de hacer que nuestras expectativas alcancen el tamaño de Dios. David esperaba ansioso lo que Dios iba a hacer, porque vivía en un ambiente continuo de oración. Mientras más uno ora, mayores son sus expectativas.

La oración no solo santifica las expectativas, sino que crea unas categorías de tipo cognoscitivo.

Permíteme que trate de explicarte la forma en que esto funciona neurológicamente.

En la base de nuestro tallo encefálico hay un conjunto de circuitos de neuronas llamado sistema de activación reticular (SAR). Somos bombardeados continuamente por una cantidad incalculable de estímulos: lo que vemos, lo que oímos, lo que olfateamos. Si tuviéramos que procesar todos los estímulos, o prestarles atención a todos, nos volveríamos locos. El SAR determina a qué le hacemos caso y a qué no. Imagínatelo como tu sistema mental de radar.

Cuando comencé a escribir *Con un león en medio de un foso*, sucedió algo interesante. Estaba escribiendo sobre los leones, y pensando tanto en ellos, que comencé a verlos en todos los lugares donde miraba. Notaba lemas que tenían un león dibujado. Veía la gran cantidad de camisetas que tienen diseños con leones. Y notaba las estatuas de leones que hay en el frente de una gran cantidad de edificios de D.C. Estoy seguro de que estuvieron allí todo el tiempo, pero no les había prestado atención. ¿Por qué? Porque no los estaba buscando. No tenía una categoría cognoscitiva para los leones. Entonces, ¿qué sucedió? Que *Con un león en medio de un foso* creó una categoría en mi sistema de activación reticular. Ahora noto los leones en todos los momentos y lugares en que los veo.

Con seguridad has experimentado el mismo fenómeno con todas las cosas que posees. Cuando uno compra un teléfono celular, o ropa, o un auto, lo que compramos crea una categoría en nuestro sistema de activación reticular. Notas si el celular de otra persona tiene un timbre igual al tuyo, ¿no es así? Porque tu primer impulso es ir a responder al tuyo. Notas que alguien está usando una ropa igual a la tuya en la misma reunión. (¿Puedes decir que es algo un poco incómodo?) Y en el mismo segundo en que sacas tu nuevo auto del lote de la agencia, te parece como si todo el mundo estuviera conduciendo el mismo modelo.

Esa es la función del SAR. No tienes una categoría para tu ropa, o para el timbre de tu celular, o para tu auto, antes de adquirirlos. Pero una vez que haces la compra, o bajas el timbre de Internet, o sales de la agencia conduciendo tu auto, tienes una nueva categoría cognoscitiva.

¿Y esto qué tiene que ver con la oración?

Cuando yo oro por alguien o por algo, esto crea una categoría en mi sistema de activación reticular. La oración es importante por el mismo motivo que son importantes las metas. Necesitamos crear categorías, de manera que notemos todo aquello que nos ayude a alcanzar esas metas o a recibir una respuesta a esas oraciones. Como le recuerdo todo el tiempo a nuestra congregación, todo tiene que ver con el sistema de activación reticular. Si uno quiere ver y aprovechar las oportunidades que Dios le presenta, tiene que vivir en modalidad de oración.

En cierto sentido, los actos heroicos de valentía que realizó Benaía no estaban planificados. Pero no pienses que Benaía no estaba preparado. No habría podido predecir cuándo, cómo o dónde tendría lugar su encuentro con el león, pero se había estado preparando para él desde niño. ¿Te lo imaginas luchando con su pobre gato, que hacía las veces de un león imaginario? También practicaba su destreza con la espada frente a un espejo, hasta que se convirtió en una segunda naturaleza para él. Y organizaba batallas fingidas con sus hermanos. Así que, cuando el león se le cruzó en el camino, no vio aquello como mala suerte. Lo vio tal cual era: una cita divina. Y literalmente, se aferró a la oportunidad. El león no tomó a Benaía por sorpresa. Lo había estado esperando toda su vida.

Carpe felinum (en latín, «aprovecha al felino»).

La modalidad de oración

«Dedíquense a la oración: perseveren en ella con agradecimiento».

Si les quieres sacar el mejor partido a todas las oportunidades, tienes que «dedicarte a la oración, perseverando en ella».

La palabra *perseverar* traduce un vocablo que recuerda a los vigías del Antiguo Testamento, cuya obligación consistía en sentarse en la muralla de la ciudad, escudriñar el horizonte y vigilar. Ellos eran los primeros en ver a un ejército que venía a atacar o a los comerciantes que venían de viaje. Las personas que viven en la modalidad de oración son vigías. Ven más allá de lo que ven los demás. Ven las cosas antes que las vean los demás. Y ven cosas que la otra gente no ve.

Las personas que viven en modalidad de oración ven oportunidades de las cuales otras personas ni siquiera se dan cuenta. La gente que no vive en modalidad de oración es *ciega ante las oportunidades*. Solo hay dos maneras de vivir: en la modalidad de supervivencia o en la modalidad de oración.

La modalidad de supervivencia consiste sencillamente en reaccionar ante las circunstancias que te rodean. Esta existencia es una especie de juego de pinball. Y para ser perfectamente sincero contigo, es predecible, monótona y aburrida.

La modalidad de oración es algo totalmente opuesto. Tienes alzada tu antena espiritual y tu radar está encendido. Tu sistema de activación reticular se encuentra en alerta roja. La oración te pone en una postura activa. De hecho, la palabra aramea que se traduce como *oración* es *slotha*, y significa «poner una trampa». La oración nos ayuda a atrapar las oportunidades que Dios nos va poniendo en el camino.

Si Benaía hubiera estado en la modalidad de supervivencia, habría reaccionado ante la situación huyendo a toda prisa del león. Pero el hecho de vivir en la modalidad de oración lo hizo entrar en actividad. Él sabía que Dios era quien ordenaba sus pasos, aunque se cruzaran con las huellas de un león. Sabía que el león sería su almuerzo.

Vivir en la modalidad de oración es la diferencia entre ver *coincidencias* y ver *providencias*. La oración tiene su manera de ayudarnos a reconocer aquellas cosas a las que no les haríamos caso, pensando que solo son accidentes humanos, cuando en realidad son citas divinas. Todo lo que sé, a partir de mi experiencia personal, es lo siguiente: Cuando oro, las providencias suceden. Cuando no oro, no suceden.

Ahora, permíteme quitarte de encima un poco de presión. Tú no tienes que fabricarte las oportunidades. De hecho, no las puedes fabricar. Eso forma parte de lo que le corresponde hacer a Dios. Él está preparando por adelantado tus buenas obras. Y eso nos debería dar un inmenso sentido de destino. Vas a tener una gran cantidad de oportunidades que te va a enviar Dios. A ti lo que te corresponde es ver esas oportunidades y asirte de ellas a base de sintonizar con el susurro del

Espíritu Santo. Y te vas a asombrar ante la forma en que esos susurros del Espíritu te llevan donde Dios quiere que vayas.

Cuando National Community Church estaba empezando a despegar, la oficina de nuestra iglesia era un cuarto desocupado que teníamos en nuestra casa. Entonces nació nuestra hija Summer, y aquel cuarto tuvo que hacer de oficina por el día y de dormitorio por la noche. Todos los días teníamos que armar y volver a desarmar su cuna portátil, pero no pudimos continuar haciendo eso, así que comenzamos a buscar un espacio de oficina para la iglesia. En el transcurso de los cuatro meses siguientes, hallamos dos lugares que parecían perfectos, y ofrecimos contratos por los dos, pero ninguno fue aceptado. Sinceramente, nos sentíamos como si Dios nos hubiera dejado en el aire dos veces.

Entonces, un día iba de camino a casa desde la Union Station, y pasé frente a una casa situada en el 205 de la calle F del NE. No había cartel alguno de «Se vende» ni de «Se alquila», pero sentí el impulso de llamar al dueño. De alguna manera, el Espíritu Santo hizo que saliera su nombre a la superficie de mi mente desde mi subconsciente. Esa es la única forma en que puedo describirlo. Yo había conocido al dueño un año antes, pero no soy muy bueno para recordar nombres. Para ser sincero, no estaba seguro al ciento por ciento de que el nombre que me vino a la mente fuera en realidad el del dueño, pero lo busqué en la guía telefónica y marqué el número.

Me presenté, y antes que le pudiera decir por qué lo llamaba, él me interrumpió para decirme: «Ahora mismo estaba pensando en usted. De hecho, lo iba a llamar por teléfono. Estoy pensando en poner a la venta el local 205 de la calle F, y me preguntaba si usted estaría interesado».

¡Dios tiene un cronómetro que funciona de manera impecable!

No solo compramos el 205 de la calle F, sino que eso nos abrió una posibilidad también con la propiedad adyacente, en el 201 de la calle F. No podría decir cuántas veces les impusimos las manos a aquellas paredes de ladrillo y le pedimos a Dios que nos diera la propiedad de al lado. Esa propiedad es ahora la Cafetería Ebenezers. Y si las cosas van de acuerdo a lo que hemos planificado, será la primera entre muchas. Pero a pesar de cuántas sean las cafeterías que abramos, todo se remontará a un impulso del Espíritu Santo mientras yo estaba en la modalidad de oración.

Cuando recuerdo mi pasado, veo que mis mayores avances se han producido mientras yo estaba en la modalidad de oración. La oración es una incubadora de oportunidades. Cuando no estoy en la modalidad de oración, tengo *buenas* ideas, pero cuando estoy en la modalidad de oración, tengo ideas que vienen *de Dios.* Y prefiero tener una idea que venga de Dios que tener mil ideas buenas.

Trágate la ballena

En mi opinión, Jeremías 46:17 es uno de los versículos más tristes de las Escrituras: «¡El faraón es puro ruido! ¡El rey de Egipto ya perdió su oportunidad!»

El faraón gobernaba una de las civilizaciones antiguas más avanzadas de la tierra. Piensa en su influencia. Piensa en su riqueza. Los recursos de todo un reino se hallaban a su disposición. Pero perdió su oportunidad. La oportunidad vino y se fue sin que el faraón la viera ni la atrapara. Vaya desperdicio.

La palabra española *oportunidad* procede de la frase latina *ob portu.* En los días anteriores a los puertos modernos, los barcos tenían que esperar hasta que la marea alta entrara al puerto. La frase latina *ob portu* se refería a «ese momento en el que cambiaba la marea». El capitán y la tripulación esperaban a que se abriera esa ventana de oportunidad, y sabían que si la perdían, tendrían que esperar a que entrara otra marea.

Shakespeare utilizó este concepto en una de las famosas estrofas de su *Julio César:*

> Hay una marea en los asuntos de los hombres
> Que, tomada cuando está llena, lleva a la fortuna.
> Omitida, todo el viaje de su vida
> Queda atado a bajíos y angustias;

En esa mar llena estamos flotando ahora;
Y tenemos que aprovechar la corriente cuando nos sirve,
O perder nuestra ventura.

En agosto de 1987, Howard Schultz tuvo que enfrentarse a la mayor decisión de su vida. Se le presentó la oportunidad de comprar una pequeña cadena de cafeterías llamada Starbucks. Estaban pidiendo cuatro millones de dólares. Para Schultz, aquello parecía un empeño gigantesco. Dice que se sentía como metido en un caso en el cual «el salmón se traga a la ballena».[1]

Schultz reflexiona sobre su decisión en su autobiografía, llamada *Pour Your Heart into It* [Derrama en ello tu corazón]:

> *Este es mi momento*, pensé. *Si no aprovecho esta oportunidad; si no salgo de mi rutina y lo arriesgo todo; si dejo que pase demasiado tiempo, mi momento va a pasar*. Yo sabía que si no aprovechaba esa oportunidad, me estaría dando vueltas en la mente todo el resto de mi vida, y me preguntaría: ¿Y si…?[2]

Así que Schultz decidió renunciar a unos ingresos de setenta y cinco mil dólares para poder perseguir su pasión por el café. Y como dicen, lo demás es historia.

Las acciones de Starbucks salieron al público el 26 de junio de 1992. Estaban en el segundo lugar de acciones negociadas con más actividad en el NASDAQ, y cuando sonó la campana final del día, su capitalización en el mercado se hallaba en los doscientos setenta y dos millones de dólares. Nada mal para una inversión de cuatro millones.[3]

Aprovechar una oportunidad nos suele parecer como si nos estuviéramos tragando una ballena, o estuviéramos persiguiendo a un león. Pero al final de nuestra vida no nos lamentaremos tanto, ni con mucho, de los errores que hayamos cometido, como de las oportunidades que nos hemos perdido. Esas preguntas de «¿Y si…?» serán las que no nos dejarán en paz.

¿Y si Howard Schultz no se hubiera tragado la ballena?

Hoy es difícil imaginarse siquiera la vida sin un Starbucks en cada esquina de todas las ciudades que hay en la galaxia, ¿no es cierto? Nuestra vida sería muy incómoda si no hubiera un Starbucks en cada puerta de entrada a todos los aeropuertos del mundo civilizado.

En el mundo de los negocios, a las oportunidades perdidas se les llama «costos de oportunidad». Si Howard Schultz hubiera decidido no comprar Starbucks, no le habría costado un solo centavo. De hecho, se habría ahorrado cuatro millones de dólares. Pero los costos de oportunidad habrían sido asombrosos.

A la larga, los costos de oportunidad siempre hacen más daño que los costos reales.

Demasiadas personas piensan en lo justo en términos de costos reales, no en función de los costos de oportunidad. Pensamos erradamente que la justicia consiste en *no hacer nada malo,* cuando en realidad consiste en *hacer algo bueno.* La justicia no consiste en huir del pecado. Consiste en perseguir leones.

Olvídate de todas las precauciones

Soy un perfeccionista en recuperación. Me cuesta mucho trabajo cortarle el cordón umbilical a algo, pero he hallado que Eclesiastés 11:1 es una receta estupenda para el perfeccionismo. Y es también una clave para aprovechar las oportunidades: «Lanza tu pan sobre el agua; después de algún tiempo volverás a encontrarlo».

Hay un tiempo para ser cauteloso y un tiempo para tirar la cautela por la ventana. Hay un tiempo para probar las aguas, y un tiempo para lanzar nuestro pan sobre el agua. Hay un tiempo para ser prudente y un tiempo para ser valiente. Y hace falta una gran cantidad de discernimiento para conocer la diferencia. Pero esto sí lo sé con toda seguridad: Si esperas a que las condiciones sean perfectas para aprovechar una oportunidad, vas a estar esperando hasta el día en que te mueras.

«Quien vigila al viento, no siembra; quien contempla las nubes, no cosecha».

Lo más frecuente es que lo único que exista entre tú y tu sueño sea una excusa racional. Mi amigo habría podido buscar un centenar de razones para no ir a Uganda. Pero los cazadores de leones no andan buscando excusas.

Samgar se habría podido justificar para no involucrarse. *No tengo el arma adecuada. Me podrían herir. Yo soy boyero. No tengo el entrenamiento necesario. No es asunto mío. Me superan seiscientos a uno.*

Pero no permitió que aquello que no podía hacer impidiera que hiciera lo que sí podía.

¿Cuáles son las excusas que te estás inventando?

Estoy demasiado ocupado.

No reúno las cualidades necesarias.

Tengo demasiadas cualidades para algo así.

Tengo demasiados problemas.

No tengo suficiente dinero.

Todavía no estoy preparado.

Noticia de última hora: Nunca vas a estar preparado.

Yo no estaba preparado para pastorear una iglesia. No estaba preparado para casarme. No estábamos preparados para tener hijos. No estábamos preparados para abrir nuestro segundo local. Y no estábamos preparados para abrir una cafetería.

Nunca vas a estar preparado. Ahora bien, andas en buena compañía. ¡Ni siquiera Jesús estaba preparado! Justo antes de su primer milagro, dio indicios de que estaba indeciso: «Todavía no ha llegado mi hora». Pero Jesús tenía una mamá que lo amaba lo suficiente como para lanzarlo fuera del nido.

Tal vez sea tiempo de quitarle el polvo a ese sueño que Dios te ha dado. Tal vez sea hora de tirar tu sombrero en el cuadrilátero. ¿Qué estás esperando?

En su libro *Jump In!* [¡Salta dentro!], Mark Burnett escribe acerca de su recorrido hasta el estrellato como productor de televisión.

Burnett es el creador de *Survivor* y *The Apprentice*. Bosqueja su filosofía de los negocios en el libro, y lo que dice sirve como una buena filosofía de vida:

> Nada va a ser... perfecto nunca y nada puede estar totalmente planificado. Lo mejor que puedes esperar es llegar a estar medio seguro de tus planes, y saber que tú y el equipo que has formado están dispuestos a trabajar lo suficientemente fuerte como para superar los inevitables problemas a medida que vayan surgiendo. Y van a surgir. En los negocios, de lo único que se puede estar seguro es de que unos problemas en los que no habías pensado van a terminar saliendo a la luz... y siempre en los momentos peores.[4]

«Lo mejor que puedes esperar es llegar a estar medio seguro». Esto es una buena paráfrasis de Eclesiastés 11. Así que no te pongas a contemplar el viento. No mires a las nubes. Tienes que echar tu pan sobre el agua. Al fin y al cabo, el estar dispuesto a fracasar es un requisito previo para el éxito.

Un bautismo por inmersión

Hasta donde sabemos, Benaía no estudió «Habilidades para cazadores de leones principiantes», ni tampoco «Combate avanzado cuerpo a cuerpo: Cómo arrancarle de las manos una lanza a un egipcio de dos metros de altura». Y aunque hubiera estudiado esas asignaturas, no creo que fuera un certificado académico el que le dio entrada al trabajo de guardaespaldas de David.

Hay una diferencia entre un certificado académico y un currículum vítae. El certificado revela lo que *sabes*. Es lo que tú eres en los papeles. El currículum revela lo que *has hecho*. Hay algunos de nosotros que actuamos como si nuestro certificado fuera todo lo que importara. Sin embargo, los conocimientos no son la meta final. Lo que en realidad importa es lo que hacemos con lo que sabemos. En verdad no me importa si has estudiado Habilidades para cazadores de leones principiantes. ¿Has perseguido alguna vez a un león hasta un foso en un día de nevada para darle muerte? No cambiaría mis estudios universitarios o de postgrado por nada. Pero hay algunas lecciones que solo se pueden aprender fuera del ambiente del aula, en la escuela de la vida.

Cuando me sentí llamado al ministerio a tiempo completo, a los diecinueve años, comencé enseguida a predicar. No pude conseguir que me dieran oportunidades para predicar en las iglesias, así que comencé a predicar en refugios de gente sin hogar y en asilos de ancianos.

Nunca olvidaré uno de mis sermones en uno de esos asilos. En medio de mi mensaje, una anciana que sufría de demencia senil se levantó y comenzó a quitarse la ropa. Es en verdad difícil mantener la atención de la gente cuando una mujer se empieza a desnudar en medio de un culto, aunque esa mujer tenga ya ochenta y siete años. Después comenzó a gritar a todo pulmón: «¡Sáquenlo de aquí! ¡Sáquenlo de aquí!» No hay muchas cosas que lo puedan desconcertar a uno después de algo como eso.

Cuando fui al Colegio Bíblico, decidí que no solo asistiría a una iglesia grande y aprendería observando. También asistí a una iglesita muy pequeña que tenía un promedio de asistencia de doce personas. Quería aprender haciendo. Algunos de aquellos primeros mensajes eran bastante lamentables, pero fue así como comencé a abrirme paso.

Cuando comencé a pastorear la National Community Church, no tenía experiencia pastoral alguna. Solo había trabajado como aprendiz durante un verano, y todo lo que hacía era organizar la liga de softbol de los hombres. Pero yo quería aprender a pastorear pastoreando. Cometí muchos errores, pero los errores son buenos para uno cuando aprende de ellos.

Yo creo en el bautismo por inmersión. La mejor manera de descubrir lo que te encanta hacer, y para lo que sirves de verdad, es probar una gran cantidad de cosas distintas.

«Siembra tu semilla en la mañana, y no te des reposo por la tarde, pues nunca sabes cuál siembra saldrá mejor, si ésta o aquélla, o si ambas serán igual de buenas».

Dicho sea de paso, el graduado promedio de un colegio universitario cambia de trabajo diez veces. También cambian de carrera entre tres y cinco veces. Nadie tiene que acertar a la primera. Pero sí se tiene que sembrar la semilla. Se necesita comenzar por algún lado.

Para Benaía, el sueño de convertirse en el comandante en jefe de Israel comenzó con la caza de un león. Para Samgar, comenzó con una vara para arrear bueyes. Para mi amigo el cineasta, comenzó con una búsqueda en Google.

Yo no sé cuál es el sueño que Dios te está llamando a perseguir, pero sí sé esto: Un sueño se convierte en realidad de oportunidad en oportunidad. Y si trabajas *como si de ti dependiera, y oras como si dependiera de Dios*, nadie es capaz de predecir lo que Dios puede hacer en ti y por medio de ti.

Revisión del capítulo 7

Puntos a recordar

- Nuestro destino final es determinado por el hecho de aprovechar o dejar pasar las oportunidades que Dios nos va presentando.
- Tienes que demostrar de lo que eres capaz cuando se te presenten las oportunidades pequeñas. Y cuando lo hagas, Dios pondrá en tu camino oportunidades más grandes y mejores.
- Los cazadores de leones no permiten que aquello que *no pueden* hacer les impida hacer aquello que *sí pueden.*
- Si quieres ver y aprovechar las oportunidades que Dios te presenta, tienes que vivir en una modalidad de oración.
- Si esperas a que las condiciones sean perfectas para aprovechar una oportunidad, vas a estar esperando hasta el día en que te mueras.
- Nadie tiene que acertar a la primera, pero sí tienes que comenzar por algún lado. Un sueño se convierte en realidad de oportunidad en oportunidad.

Comienza la caza

Mark dice que «estar dispuesto a fracasar es un requisito previo para el éxito». ¿Es tu temor a fracasar lo que te está impidiendo que aproveches las oportunidades? ¿Cuáles son los pasos prácticos que puedes dar para ir perdiendo el miedo al fracaso?

CAPÍTULO 8

LA IMPORTANCIA DE PARECER TONTO

Tratamos de ser demasiado razonables en cuanto
a lo que creemos. Lo que yo creo no tiene nada de
razonable. En efecto, es divertidamente
imposible. Las cosas posibles no valen
gran cosa. Esas cosas imposibles y locas
son las que nos mantienen funcionando.

MADELEINE L'ENGLE

Uno de los momentos más embarazosos de mi vida sucedió cuando estudiaba sexto grado en la escuela Madison, en Naperville, Illinois. Yo tenía algunos problemas con la moda cuando era muchacho. Pero aquello fue un inmenso fallo de vestuario. Cometí el imperdonable error de dar un paso en falso con mi ropa. Llevé a la escuela una camisa Ocean Pacific de color rosado neón y pagué el precio por eso.

En la escuela secundaria era bastante popular. Mis años en ella están llenos de grandes recuerdos y grandes amigos. Pero me sentí solitario y abandonado en el infame día en que llevé aquella camisa rosada a la escuela. Mis amigos desertaron. Mis enemigos me persiguieron. No se burlaban de mí con demasiada frecuencia, pero en un solo día recibí mi cuota de todo un año.

No estoy totalmente seguro de qué fue lo que le sucedió a aquella camisa, pero lo que sé es que nunca más la volví a usar. ¿Por qué? Porque el modus operandi una vez que alguien llega a la escuela secundaria es adaptarse al grupo. Uno quiere ser como todos los demás. Llámalo presión de los compañeros. Llámalo mentalidad de rebaño. Llámalo pensamiento colectivo. Dale el nombre que quieras. Hay un afán innato dentro de cada uno de nosotros por lograr que nos acepten, al precio que sea. Así que aprendemos a una edad muy temprana a volvernos conformistas.

Tratamos de tener *el mismo aspecto* que todos los demás. Tratamos de *hablar* como todos los demás. Tratamos de *vestirnos* como todos los demás. Y, ¿cuál es el resultado final? Que nos volvemos iguales a todos los demás. Escondemos nuestra idiosincrasia y nuestras inseguridades tras la máscara de aquel que pensamos que debemos ser. Dejamos de ser nosotros mismos para comenzar a ser el que pensamos que todo el mundo quiere que seamos.

Sin embargo, hay algo irreemplazable y de un valor incalculable que se pierde cuando cedemos ante la conformidad. Perdemos nuestra personalidad. Perdemos nuestra originalidad. Y en algún punto de la vida, perdemos nuestra alma. En lugar de convertirnos en el ser humano único que estábamos destinados a ser, nos conformamos con ser una copia al carbón de algún otro.

Y cuando hacemos eso, nos conformamos con algo inferior a lo que Dios quería para nosotros. Para desafiar las probabilidades en tu contra, enfrentarte a tus temores, mirar tus problemas dentro de un marco diferente, arriesgarte y aprovechar una oportunidad que Dios te ha puesto delante, tienes que estar dispuesto a parecer un tonto ante los ojos del mundo. Porque, cualquiera que sea el aspecto que tenga, la voluntad de Dios nunca es una tontería.

El temor a parecer tonto

Creo que en algún lugar, muy dentro de todos nosotros, hay un ser primitivo anhelando hacer algo loco para Dios. Queremos perseguir a un león, como Benaía. Pero el temor a que nos tachen de tontos nos mantiene atados de pies y manos y encerrados con candado en el sótano.

Una encuesta tras otra han hallado que el temor más grande que tienen la mayoría de las personas es el de hablar en público. La muerte queda en segundo lugar. Eso significa que hay gente que preferiría morir a hablar en público. ¿Por qué? Por el temor a quedar como un tonto.

Es el temor a parecer tontos el que impide que levantemos la mano en cuarto grado. *Los otros niños se van a reír si doy una respuesta errada.* Es el temor a parecer tontos lo que nos impide pedirle a alguien que haga una cita con nosotros. *No creo que pueda soportar su rechazo si me dice que no.* Es el temor a parecer tontos el que impide que cambiemos de especialidad en nuestros estudios, o que cambiemos de trabajo. *La gente va a pensar que no sé lo que quiero hacer.* Es el temor a parecer tontos el que impide que oremos para pedir un milagro. *¿Y si Dios no responde a mi oración de la manera en que yo quiero que lo haga?*

Pero esta es la situación: Si no estás dispuesto a parecer tonto, es porque eres un tonto. De hecho, la fe consiste en *estar* dispuestos a parecer tontos.

De Noé pensaban que era un tonto mientras construía un arca en el desierto. Sara parecía una tonta cuando se puso a comprar ropa de maternidad a los noventa años. Los israelitas parecían unos tontos dando vueltas alrededor de Jericó y tocando unas trompetas. David parecía un tonto cuando atacó a Goliat con una honda. Benaía parecía un tonto cuando persiguió al león. Los sabios parecían unos tontos mientras iban siguiendo a la estrella. Pedro parecía un tonto cuando salió de la barca en medio del lago. Y Jesús parecía un tonto, clavado semidesnudo en la cruz.

Pero esa es la esencia de la fe. Y los resultados hablan solos.

Noé se salvó del diluvio. Sara dio a luz a Isaac. Los muros de Jericó se vinieron abajo. David derrotó a Goliat. Benaía mató al león. Los sabios encontraron al Mesías. Pedro caminó sobre el agua. Y Jesús resucitó de entre los muertos.

¿Te puedo decir por qué hay quienes nunca han matado a un gigante, o caminado sobre el agua, o visto cómo se venían abajo las murallas? Es porque no estuvieron dispuestos a dar la impresión de que eran unos tontos.

Tengo una frase que digo con frecuencia: «Llámame loco». En realidad, se ha convertido en algo más que una frase frecuente. Se ha convertido en un lema para mi vida.

No estoy seguro de lo que le pasó por la mente a Benaía justo antes de ponerse a perseguir al león. Pero no me sorprendería que fuera algo como «Llámame loco» o «Allá voy y no me importa nada». ¿Hay algo más insensato que perseguir a un león? Pero Benaía sabía que aquel era el momento de la verdad para él. Cazar leones iba contra cuanto le había enseñado su madre en toda su vida. Es una de las acciones más contrarias a la intuición que aparecen en todas las Escrituras. En verdad clasifica como uno de los actos de valentía más locos de todos. Pero tal vez esa fuera la razón por la que Dios pudo convertir a ese guardaespaldas en el comandante en jefe del ejército de Israel. Su «cociente de locura» estaba por encima de todo lo que marcan las gráficas.

Los grandes avances, milagros y momentos decisivos de las Escrituras se pueden remontar a alguien que estuvo dispuesto a parecer un tonto.

Sin embargo, I Corintios I:27 revela cuál es el modus operandi de Dios: «Pero Dios escogió lo insensato del mundo para avergonzar a los sabios, y escogió lo débil del mundo para avergonzar a los poderosos».

Nada ha cambiado.

Una espiritualidad divergente

Hace poco leí un fascinante estudio sobre el pensamiento divergente. El pensamiento divergente es la originalidad intelectual. Es el pensamiento creativo y contrario a la intuición. Es pensar fuera de los límites establecidos.

El estudio halló que el noventa y ocho por ciento de los niños entre los tres y los cinco años de edad se clasifican en la categoría de genios en cuanto a pensamiento divergente. Entre los ocho y los diez años, ese número desciende al treinta y dos por ciento. Cuando esos niños pasan a ser adolescentes, baja al diez por ciento. Y solo el dos por ciento de los que tienen más de veinticinco años clasificaron en la categoría de genios en cuanto al pensamiento divergente.

Según John Putzier, quien cita este estudio en su libro *Get Weird* [Vuélvete raro],[1] la solución a esta conformidad intelectual y atrofia de la creatividad consiste en «explotar tu rareza natural». Y yo creo que ha descubierto algo.

Explotar nuestra rareza natural no es solo una clave para el pensamiento divergente. También es una clave para la *espiritualidad divergente*. ¿Has leído últimamente la Biblia? ¡En ella hay una gran cantidad de cosas locas y descabelladas! Hablando en serio, Dios dice y hace una gran cantidad de cosas que parecen inmensamente descabelladas. Le dijo a Ezequiel que cocinara sus comidas con estiércol durante trescientos noventa días. ¿De qué se trataba? Dios usó una torpe asna para hablarle a Balán. Eso es diferente. Dios le dijo a Oseas que se casara con una prostituta. ¿Eh? ¿Y qué me dices de las lenguas que hablaron en el día de Pentecostés? Eso sí que es totalmente extraño.

Pero todas esas tramas secundarias revelan algo de importancia: a Dios le encanta la variedad. Él habla y actúa de maneras divergentes.

¿Te lo puedo decir con toda franqueza? Apreciamos demasiado la normalidad.

Piénsalo de esta manera. Hemos sido llamados a conformarnos a Cristo. Y Cristo no era un conformista. Así que conformarnos a Cristo da por resultado el que nos volvamos contrarios al conformismo.

Son demasiadas las personas que se parecen mucho entre sí en demasiadas iglesias. Si en algún lugar se debería celebrar la diversidad, es en las iglesias. Nunca ha habido, ni nunca habrá nadie que sea como tú. Y eso no es un testimonio a favor tuyo. Es un testimonio a favor de Dios que te creó. La diversidad es una celebración de la originalidad.

En National Community Church tenemos un valor básico: La madurez y la conformidad no son la misma cosa. En demasiadas iglesias, la santidad es convertida en el equivalente a la conformidad con una cultura determinada. Una manera de vestir, o de hablar, se convierte en medida y norma de justicia. Y mientras no digas lo que se considera incorrecto, ni vayas a los lugares donde se dice que no debes ir, todo está bien. Sin embargo, eso no es madurez, sino superficialidad. Es una espiritualidad a nivel de piel. Y con lo que terminamos es con un rebaño de cristianos clonados que tienen el mismo aspecto, hablan igual, piensan igual y se visten igual. Esto no solo es aburrido, sino que no es bíblico. Las Escrituras describen a la iglesia como un cuerpo. Y cada persona es una parte distinta de ese cuerpo. Así que debemos ser tan diferentes como los dedos gordos de nuestros pies, los pelos de nuestra nariz y nuestras choquezuelas.

Una de las dimensiones del crecimiento espiritual consiste simplemente en llegar a aceptar *lo que somos y lo que no somos.* Y a fin de cuentas, preferiría caer mal por ser quien soy, que caer bien por ser quien no soy.

Hazte el tonto

Durante más de treinta años, Gordon MacKenzie trabajó en Hallmark, y al final convenció a la compañía en su empeño de que creara un título especial para él: «paradoja creativa». Junto con la desafiante normalidad corporativa de Hallmark, MacKenzie desarrolló una gran cantidad de talleres de trabajo creativos para las escuelas primarias. Y esos talleres de trabajo lo llevaron a una fascinante observación que recoge en su libro *Orbiting the Giant Hairball* [En órbita alrededor de la gran bola de pelo].

MacKenzie les preguntaba de entrada a los muchachos: «¿Cuántos artistas hay en este salón?» Y según él, el esquema de las respuestas era siempre el mismo.

En el primer grado, todos los niños de la clase agitaban los brazos como maniáticos. Todos los niños eran artistas. En el segundo grado, alrededor de la mitad de los niños levantaban la mano. En el tercer grado, la levantaban unos diez por cada treinta. Y al llegar a sexto grado, solo uno o dos de ellos levantaban la mano de manera insegura y tímida.

Todas las escuelas a las que fue, parecían involucradas en la labor de «suprimir al genio creativo».[2] No lo estaban haciendo a propósito, pero la meta de la sociedad es hacernos menos tontos de lo que somos.

Como dice Mackenzie: «Desde la cuna hasta la tumba, tenemos encima una presión: Sé normal».[3]

MacKenzie llega a esta conclusión:

Lo que me imagino es que hubo un tiempo, tal vez cuando éramos de muy corta edad, en que teníamos al menos una ligera noción de nuestro propio genio y solo estábamos esperando que alguna persona con autoridad se nos acercara para validar esa noción en nosotros.

Pero nunca llegó nadie.[4]

Y aquí entra Jesús en la escena. Tal vez nuestro tonto interno esté encadenado y enjaulado por un mundo hecho para suprimirlo. Sin embargo, Jesús vino para liberar a los tontos.

No creo que podamos comprender todo lo que significa su misión de «proclamar libertad a los cautivos». Significa mucho más que la libertad con respecto al pecado. Él vino para sacarnos de la camisa de fuerza psicológica en la que nos hemos metido. Esto tiene que ver con muchas más cosas que la eliminación del pecado. Trata acerca de la redención del potencial que Dios ha puesto en cada uno de nosotros. No es acerca de no hacer nada malo. Es acerca de hacer una contribución única a la humanidad durante tantas vueltas como dé el planeta mientras estemos en él.

Pero tenemos que dejar que se exprese el tonto.

Hace poco el diario *Los Angeles Times* publicó una historia que mencionaba la National Community Church, y su redactora escogió un interesante adjetivo para describirme a mí. No estoy seguro de que hubiera sido el primero que yo habría escogido. Me llamó *estrafalario*. Para ser sincero, ella había entrado a mi blog y visto un video donde aparezco danzando en el agua del estanque que se encuentra frente al Lincoln Memorial. Así que tal vez *estrafalario* sea un adjetivo escogido con benignidad.

Llevé a mis hijos a la escuela el día después de que se publicó el artículo, y quise que me dieran sus opiniones. Les pregunté: «¿A ustedes les parece que su papá es un estrafalario?» La respuesta fue inmediata y definitiva. Un poco más rápida y más definitiva de la cuenta.

Summer dijo: «¡Ajá!», con una gran sonrisa.

Y Parker añadió un largo: «¡Síííí, claaaro!»

La verdad es que hasta llegué a buscar la palabra *estrafalario* en el diccionario, y tuve sentimientos encontrados con respecto a lo que encontré:

Extravagante en el modo de pensar o en las acciones.

Eso no suena precisamente a elogio. Pero tal vez lo debería ser. Sinceramente, me pregunto si no nos habremos equivocado por completo en cuanto a lo que significa seguir las huellas de Cristo. Tengo el temor de que nuestra versión de lo que es parecerse a Cristo sea demasiado civilizada y aséptica. Me pregunto si no nos habremos vuelto ciegos a lo estrafalarios que son a veces los evangelios.

Jesús tocaba a los leprosos, sanaba en el día de reposo, defendía a las adúlteras, hacía amistad con las prostitutas, les lavaba los pies a sus discípulos, le daban rabietas en el templo, hablaba con los samaritanos, tenía fiestas con los recaudadores de impuestos y ofendía continuamente a los fariseos.

¿Estamos siguiendo en realidad sus pasos?

No estoy convencido de que seguir a Cristo nos haga menos estrafalarios.

La neotenia

¿Cómo le sacamos partido a esa condición de estrafalarios; a esa rareza natural con la que nacemos todos? Tenemos que regresar a esos tiempos en los cuales el noventa y ocho por ciento de nosotros éramos genios, y todos levantábamos la mano y decíamos que éramos artistas. Tenemos que hacer caso al consejo de Jesús y volvernos «como niños».

Por muchos años que tuviera David, siempre había dentro de él un pequeño pastorcillo. Y también cuando Benaía era el comandante en jefe del ejército de Israel, muy dentro de él había todavía un adolescente cazador de leones. Los cazadores de leones nunca crecen.

Una de mis palabras favoritas es *neotenia*. Se deriva del griego *neós*, que significa «nuevo, fresco o juvenil». La neotenia es «la retención de cualidades juveniles en los adultos».

Warren Bennis y Robert Thomas identifican la neotenia como una cualidad indispensable para los líderes, en su libro *Geeks and Geezers* [Gansos y vejetes].

La neotenia va más allá de retener un aspecto exterior juvenil, aunque es frecuente que esto forme parte de ella. La neotenia es la retención de esas maravillosas cualidades que asociamos con la juventud: curiosidad, juguetonería, ansiedad, audacia, calidez, energía. A diferencia de aquellos que han sido derrotados por el tiempo y la edad, nuestros vejetes han seguido siendo muy parecidos a nuestros gansos: abiertos, dispuestos a arriesgarse, hambrientos de conocimientos y experiencias, valientes y ansiosos por ver qué trae consigo cada nuevo día.[5]

Ahora bien, esto es lo que te hace falta comprender. La neotenia no es solo un bello concepto acerca de aquellos que envejecen bien o que son buenos líderes. La neotenia se encuentra en el corazón mismo de lo que es el reino de Dios.

«Les aseguro que a menos que ustedes cambien y se vuelvan como niños, no entrarán en el reino de los cielos».

Sir John Kirk, naturalista británico del siglo diecinueve, dijo en una ocasión que si él se pudiera salir con la suya, siempre habría un niño pequeño situado en el corazón de Londres; tal vez en los predios de la Abadía de Westminster o en la Catedral de San Pablo. Y dijo que a nadie se le permitiría competir por un sitio en el Parlamento, o convertirse en candidato para ocupar un cargo público, a menos que se hubiera pasado un día con ese niño, y aprobado un examen acerca de los novedosos métodos de pensar, sentir y expresarse del pequeño.

La primera vez que leí eso, pensé: *Qué idea tan fascinante*. Y después me di cuenta de que eso es precisamente lo que hizo Jesús. Es conocido de todos que puso a un niño en el centro mismo del reino de los cielos. El reino de Dios es «niñocéntrico». La forma en que crecemos espiritualmente es volviéndonos cada vez más parecidos a los niños pequeños.

El verbo *cambiar* traduce un vocablo que significa «revocar, invertir el sentido». Jesús vino a revocar la maldición. Y lo logró con su crucifixión y resurrección. Él pagó el castigo por nuestros pecados, pero eso solamente es el comienzo. También vino a revocar los efectos psicológicos y espirituales del envejecimiento. Me encanta la forma en que una dama de la NCC lo expresó justo unos momentos antes de bautizarse, hace ya unos años: «Ahora soy la persona que era cuando era niña, siempre sonriendo y riendo».

La conversión inicia dos procesos de santificación: el de hacernos semejantes a Cristo y el de hacernos como niños. La madurez espiritual consiste en llegar a ser como Cristo y también como niños pequeños.

Hace poco, Kim, una de nuestras líderes en los grupos pequeños, me envió un correo electrónico que capta la esencia de lo que significa ser como un niño pequeño.

Los padres les fijamos límites a nuestros hijos en su conducta, pero su potencial y su imaginación no tienen límites. Dios nos crea así. En cualquier día dado, mi hija está haciendo planes para crecer a fin de llegar a ser una princesa o una cachorrita. No se siente limitada ni por la genealogía, ni por la genética. Mi hijo te dirá que va a ser una estrella del rock, o basurero, o repartidor de periódicos, o astronauta, o que va a trabajar en Jungle Cruise, en los parques de Disney, o Aladino, según como se sienta. ¡A ninguno de ellos dos se les ocurre que puedan o no puedan hacer algo!

Nosotros interiorizamos los límites. Crecemos en estatura y en edad. Y lo peor es que nos volvemos gente pequeña, con un Dios también pequeño. A mí me parece que en parte el Neós consiste en recuperar esa carencia de límites que hay en la niñez. Recuperar la idea de que hemos sido creados por un Dios ilimitado para que tengamos sueños y fantasías también ilimitados.

¿Cuáles son los límites que escuchamos? «Estoy demasiado viejo». «Tengo que pensar en mi familia». «Tengo demasiado invertido en el lugar donde estoy». «Eso es de locos». «Nunca antes se ha hecho». «¿Y si fracaso?» «Es demasiado caro». La lista es interminable. Recuerda esto: Servimos a un Dios ilimitado, cuyos recursos también son ilimitados. Un Dios que miró unos pocos panes y peces, y vio un banquete para cinco mil personas.

Los niños viven en un mundo de posibilidades sin límites. Sueñan con crecer para convertirse en cazadores de leones. Pero nosotros le permitimos al enemigo que robe, mate y destruya esos sueños infantiles. La clave para recuperar esos sueños está en volvernos como niños pequeños.

Conscientes de Dios

«El que se humilla como este niño será el más grande en el reino de los cielos».

La humildad de los niños desarma a cualquiera, ¿no es cierto? No tienen orgullo ni prejuicios. No tienen inhibiciones ni agendas escondidas. Tienen una humildad que no ha sido diluida.

El vocablo *humillarse* traduce el verbo griego *tapeinoo*, que en su forma más fuerte significa «avergonzar». Nadie hace esto mejor que los niños. ¿Por qué? Porque no les importa lo que piense la gente. Aún no saben lo que son la timidez ni los complejos.

Recuerdo que en cierta ocasión, unos amigos vinieron a nuestra casa, hace ya algunos años, y mi hijo Parker salió corriendo por toda la casa, mientras gritaba a todo pulmón: «¡El Capitán Calzoncillos!» Y en efecto, solamente traía puestos los calzoncillos. Los adultos no hacemos eso. ¿Por qué? ¡Porque somos tímidos! Pero existe una inocencia semejante a la del Edén, que los niños poseen y todos nosotros ansiaríamos tener.

Permíteme apretar el botón del retroceso en el tiempo para llevarte de vuelta hasta la vida en el jardín del Edén antes de la caída del hombre. Era una colonia nudista. Adán y Eva llevaban puesto todo el día y todos los días el traje con el que nacieron. Y no se sentían avergonzados. Pero algo sucedió en esa fracción de segundo en la que Adán y Eva se salieron de las directrices que les había dado Dios y comieron el fruto del árbol del conocimiento del bien y del mal: «En ese momento se les abrieron los ojos, y tomaron conciencia de su desnudez».

Antes de la caída no había ningún tipo de inhibiciones en el Edén. Pero desde el momento en que Adán y Eva pecaron, se sintieron avergonzados. En otras palabras, sentirse avergonzado no es solamente una maldición más. Forma parte de «La maldición».

Regresemos ahora y sigamos adelante hasta el último capítulo del libro de Apocalipsis. No solo recibiremos un cuerpo glorificado al otro lado del continuo de espacio y tiempo, sino que también recibiremos unos sentidos glorificados. Pienso que veremos colores que en la actualidad no podemos percibir. La amplitud de nuestra audición incluirá los sonidos ultrasónicos e infrasónicos. También pienso que experimentaremos nuevos gustos y nuevas fragancias. Será la experiencia más sensual que hayamos tenido jamás. Y pienso que una consciencia glorificada formará parte del conjunto. No creo que vaya a haber inhibiciones de ningún tipo en el cielo. Estaremos tan inmensamente extasiados con Dios, que no desperdiciaremos un solo momento pensando en nosotros mismos.

Piensa ahora en la madurez espiritual como un continuo. En un extremo se halla la *consciencia de Dios*, y en el otro la *consciencia de nosotros mismos.* Volverse semejante a Cristo consiste es estar menos conscientes de nosotros mismos y más conscientes de Dios. El resultado final es la crucifixión de las inhibiciones profanas que nos impiden perseguir leones.

«No se emborrachen con vino, que lleva al desenfreno. Al contrario, sean llenos del Espíritu».

El vino es la forma incorrecta de perder las inhibiciones. La forma correcta consiste en ser llenos del Espíritu Santo. Me gusta la forma en que lo expresa el sacerdote y autor Ron Rolheiser:

¿Acaso no es tarea del Espíritu Santo introducir algo de locura y de embriaguez en el mundo? ¿Por qué esta propensión al equilibrio y la seguridad? ¿Acaso no añoramos todos un momento de riesgo franco; un momento de locura divina?[6]

Cuando recuerdo mi pasado, veo que son esos momentos de «riesgo franco» los que me hicieron sentirme vivo.

Tal vez ya sea hora de correr algunos riesgos al estilo de los niños.

Si no estás dispuesto a parecer tonto, es porque eres un tonto

Mientras David iba subiendo la escala política, y adquiriendo poder y prestigio, nunca perdió su capacidad de parecer tonto. Incluso siendo rey, no tuvo temor alguno de humillarse ante Dios. Y creo que por eso Dios lo usó de esas maneras tan colosales.

En 2 Samuel 6, David acaba de ser coronado rey de Israel. Ha derrotado a los filisteos y capturado la fortaleza de Sión. Y ahora lleva el arca del Señor a Jerusalén. Imagínate esto como un desfile inaugural lleno de pompa y solemnidad.

«Sucedió que, al entrar el arca del Señor a la Ciudad de David, Mical hija de Saúl se asomó a la ventana; y cuando vio que el rey David estaba saltando y bailando delante del Señor, sintió por él un profundo desprecio».

Permíteme hacer una observación.

Cuando te emociones con Dios, no esperes que todo el mundo se contagie. He aquí el porqué. Cuando el Espíritu Santo aumenta el calor en ti, interrumpe el statu quo. Habrá quienes se sientan inspirados por lo que Dios está haciendo en tu vida. Otros sentirán convicción. Y disfrazarán esa convicción personal al hallar algo que criticar. Nueve de cada diez veces, la crítica es un mecanismo de defensa. Criticamos en otros lo que no nos gusta en nosotros mismos.

Cuando David llegó a su hogar, su esposa Mical le riñó. Destilaba sarcasmo: «¡Qué distinguido se ha visto hoy el rey de Israel, desnudándose como un cualquiera en presencia de las esclavas de sus oficiales!»

¿Sabes lo que me impresiona acerca de David? No es el hecho de que fuera rey. Es el hecho de que no tenía temor de despojarse de sus vestiduras reales. Esas vestiduras simbolizaban su identidad y su seguridad como rey de Israel. Y me imagino que deben haber tratado de presionarlo aun más para que actuara como un rey en la inauguración. Tenía una reputación que proteger. Tenía una corona que representar. Y los reyes no se quitan sus vestiduras para ponerse a danzar.

Nadie sabía eso mejor que Mical. Al fin y al cabo, era hija de otro rey. Había crecido en el palacio. Conocía el protocolo. Y me imagino que Saúl, su padre, siempre guardaría la compostura de un rey. De hecho, Saúl se despertaba por la mañana con arañazos en la cara, porque dormía con la corona puesta sobre su cabeza. A Saúl todo lo que le importaba era la imagen. Pero a David todo lo que le importaba era la sustancia. Él no buscaba su identidad y su seguridad en el hecho de ser el rey de Israel. Las encontraba en el Dios que lo había ungido como rey.

Así que David se había despojado de sus vestiduras para danzar sin inhibición ninguna delante del Señor.

Estoy seguro de que se sintió frustrado. Era el día más grandioso de su vida, y su esposa le estaba quitando parte del gozo a base de criticarlo. Sin embargo, David se mantuvo firme.

«Lo hice en presencia del Señor, quien en vez de escoger a tu padre o a cualquier otro de su familia, me escogió a mí y me hizo gobernante de Israel, que es el pueblo del Señor. De modo que seguiré bailando en presencia del Señor, y me rebajaré más todavía, hasta humillarme completamente».

Digámoslo de otra forma:

«Estoy dispuesto a actuar como un tonto, para poder manifestar el gozo que tengo en el Señor. Sí, y estoy dispuesto incluso a parecer todavía más tonto que ahora».

En parte, la madurez espiritual consiste en preocuparnos cada vez menos por lo que la gente piense acerca de nosotros, y cada vez más por lo que piense Dios. Una parte importante de este tomar a Dios más en serio es tomarnos a nosotros mismos menos en serio. La gente más santa y saludable del mundo es la que más se ríe de sí misma. Y me parece que David y sus hombres se rieron durante años de aquella danza improvisada. Dudo seriamente que a David lo hubieran invitado a participar en *Dancing with the Stars* [Danzando con las estrellas]. Estoy seguro de que se reían de él. Estoy seguro de que sus guardaespaldas, entre ellos Benaía, imitaban su danza. ¡Dancemos como David! Pero también estoy seguro de que nadie se reía tan fuerte como el propio David.

Por supuesto, no creo que a David le importara un rábano lo que pensara la gente de su cortejo real acerca de sus habilidades en la danza. David no había danzado para conseguir el aplauso humano. Había estado danzando ante Dios. Y hasta me imagino que el propio Dios se rió bastante aquel día.

Una de las palabras hebreas que traducimos como adoración es *halal*, de la que procede la expresión «aleluya». *Halal* significa «ser clamorosamente tonto».

En cierto sentido, la adoración es tonta, ¿no es así? Cantarle a alguien a quien no vemos. Levantar las manos hacia alguien a quien no podemos tocar.

De vez en cuando, si ponen en la radio la canción correcta, Lora y yo hacemos una pequeña fiesta de danza improvisada en nuestro Dodge Caravan. Subimos el volumen y comenzamos a movernos de manera improvisada. Damos golpes con la cabeza y balanceamos el cuerpo. Y si de verdad nos metemos de lleno, nuestro minivan comienza a mecerse hacia detrás y hacia delante. Nuestros hijos piensan que estamos locos... pero la persona que va en el auto de atrás del nuestro piensa que estamos *realmente* locos.

Ahora bien, ¿quién está loco? ¿Nosotros, o la gente que no puede escuchar la música? Me gustaría pensar que los locos son los que no están danzando, porque no pueden escuchar la música.

Hay un viejo proverbio que dice: «Los que no oyen la música, piensan que el que danza está loco».

Eso es lo que sucede en 2 Samuel 6, ¿no es cierto? David escucha la música, pero Mical no.

Entonces, ¿quién es el loco?

Todo lo que sé es esto: Si tuviéramos un oído ultrasónico que nos permitiera sintonizar la frecuencia del cielo y escuchar a los ángeles cantar, esa música nos haría literalmente flotar. Y me imagino que danzaríamos como danzaba David.

Pienso que David nos da la imagen de lo que es una adoración pura. La adoración consiste en quitarse las vestiduras. Es quitarse todas esas cosas que se hallan fuera de nuestra relación con Cristo, y en las que hallamos nuestra identidad y seguridad. Es un recordatorio de que nuestras vestiduras reales son como «trapos de inmundicia». No tiene que ver con lo que nosotros podamos hacer por Dios. Tiene que ver con lo que Él ha hecho por nosotros. Y esa comprensión produce la mayor libertad del mundo: no tener nada que demostrarle a nadie. En lugar de tratar de demostrar que él era el rey de Israel, David lo que hizo fue consumirse en la adoración del Rey de reyes.

Incivilizado

En la película *Rocky III* hay una escena poderosa. Por supuesto, todas las escenas de todas las películas de *Rocky* son poderosas, ¿no es cierto? Dicho sea de paso, si *Con un león en medio de un foso* es convertido en película en algún momento, yo sé quién querría que hiciera el papel de Benaía. A mí me parece que Benaía era una combinación de Rocky y Rambo. Pero si no pudiera conseguir a Sylvester Stallone, me parece que me conformaría con Mel Gibson o con Russell Crowe. Benaía parece una mezcla de William Wallace y Máximus.

Me encanta la escena en la que Rocky se está ablandando. Se está refinando. Ha logrado la fama en el boxeo y pierde el fuego con el que peleaba. Y Mickey, su entrenador, le dice a Rocky: «Te pasó lo peor que le puede pasar a cualquier peleador: te civilizaste».

Me pregunto si no sería precisamente eso lo que Jesús nos diría. *Te civilizaste.*

Cuando leo los evangelios, la única gente civilizada que encuentro son los fariseos. Juan el Bautista era un personaje salvaje. Solo hay que ver lo que comía y cómo vestía. Comía langostas y usaba pelo de camello. Y por cierto, da la impresión de que Jesús escogió a una docena de discípulos que estaban totalmente sin domesticar. Y Jesús mismo no estaba domesticado tampoco.

En palabras de Dorothy Sayers:

Para hacerles justicia a los que enviaron a Cristo a la cruz, hay que decir que nunca lo acusaron de ser un aburrido. Al contrario; lo consideraban demasiado dinámico para ser un personaje seguro. Las generaciones posteriores son las que se han encargado de amortiguar esa demoledora personalidad y rodearlo con una atmósfera de tedio. Le hemos cortado las garras de una manera muy eficiente al León de Judá; lo hemos certificado como «manso y dulce» y lo hemos recomendado como un excelente animal doméstico favorito para pálidos coadjutores y piadosas ancianas.[7]

Uno de mis episodios favoritos en los evangelios es cuando Jesús tiró al suelo las mesas de los cambistas. Convirtió una Pascua rutinaria en un acto de circo o un motín.

«Entonces, haciendo un látigo de cuerdas, echó a todos del templo, juntamente con sus ovejas y sus bueyes; regó por el suelo las monedas de los que cambiaban dinero y derribó sus mesas».

Si he de ser sincero, esa rabieta del templo me solía causar una disonancia interna. No se ajustaba a mi caricatura de escuela dominical sobre la persona de Jesús. Parecía disonante con su personalidad. Sin embargo, me parece que subvaloramos y no apreciamos lo suficiente este aspecto de Jesús. Tendemos a describirlo solamente como el manso Cordero de Dios. Pero aquel día, llevaba fuego santo en sus ojos.

Y para mí, lo mejor de toda esta historia es que Él mismo hizo el látigo. ¡Indiana Jones, retrocede!

Me impresionan los hombres que hacen ellos mismos los cambios de aceite de su auto, pero esto lleva el machismo a un nivel totalmente nuevo. Me imagino que a los discípulos les dolían las quijadas al día siguiente por lo duro que las dejaron caer cuando vieron a Jesús poner en acción sus justos músculos. Este incidente les reveló una dimensión de la personalidad de Jesús que ellos no habían notado antes: «Sus discípulos se acordaron de que está escrito: "El celo por tu casa me consumirá"».

Tengo una convicción básica: los seguidores de Cristo debemos ser las personas más apasionadas de todo el planeta. Ser como Jesús significa consumirse de pasión. La palabra *entusiasmo* procede de dos vocablos griegos: *en* y *Zeós*, los cuales unidos significan «*en Dios*». Mientras más entramos en Dios, más apasionados nos volvemos.

Los cazadores de leones no les tienen miedo a los conflictos. No temen arriesgar su reputación por andar sacando del templo a las serpientes. Y no temen tampoco perder la vida persiguiendo a un león hasta un foso. Con frecuencia parecen tontos *mientras están actuando*. Casi parece como si tuvieran ganas de morir. Pero los cazadores de leones tienen el *deseo de vivir*. Viven a plenitud porque están dispuestos a parecer tontos.

REVISIÓN DEL CAPÍTULO 8

Puntos a recordar

- Tienes que estar dispuesto a parecer un tonto ante los ojos del mundo.
- Si no estás dispuesto a parecer tonto, es porque eres un tonto. De hecho, la fe consiste en estar dispuestos a parecer tontos.
- La madurez y la conformidad no son la misma cosa.
- La forma en que crecemos espiritualmente es volviéndonos cada vez más parecidos a los niños.
- Sentirse avergonzado no es solamente una maldición más. Forma parte de «la maldición».
- En parte, la madurez espiritual consiste en preocuparnos cada vez menos por lo que la gente piense acerca de nosotros, y cada vez más por lo que piense Dios.
- Los seguidores de Cristo debemos ser las personas más apasionadas de todo el planeta. Ser como Jesús significa consumirse de pasión.

Comienza la caza

Mark dice que «los cazadores de leones viven a plenitud porque están dispuestos a parecer tontos». ¿Sientes que estás perdiendo tus bendiciones porque temes demasiado quedar como un tonto? Trata de hacer una cosa «tonta» de importancia para Dios hoy, y observa si la bendición es o no más grande que la vergüenza que pases.

CAPÍTULO 9

DESATA AL PERSEGUIDOR DE LEONES QUE LLEVAS DENTRO

No temas que tu vida vaya a llegar a un final; teme más bien que nunca haya tenido un comienzo.
JOHN HENRY CARDINAL NEWMAN

Cuando estaba en el seminario, sentí que Dios me dio dos sueños para que los persiguiera. Uno de ellos era fundar una iglesia. El otro era escribir un libro. No tenía idea alguna de cómo se convertiría en realidad ninguno de esos dos sueños, pero sí sabía que eran leones que Dios me había enviado a cazar.

He estado viviendo el sueño de la iglesia durante toda la década pasada, fungiendo como pastor general de la National Community Church en Washington D.C. Pero perseguir el sueño de escribir significaba un sendero mucho más escarpado y lleno de curvas. Comencé a pastorear NCC poco después de terminar el seminario, pero el sueño de escribir estuvo lleno de pasos en falso y comienzos fallidos. Tengo una media docena de originales a medio terminar, guardados en mi disco duro, y unas pocas cartas de rechazo guardadas en mis archivos. Así que, aunque me siento tan llamado a escribir como a ser pastor, durante los últimos diez años hubo momentos en los cuales habría querido que Dios no me hubiera puesto en la mente el sueño de escribir. Era como un guijarro en el zapato; una fuente constante de irritación y

181

frustración. Mientras más tiempo pasaba sin que cumpliera ese sueño, más larga era la sombra que arrojaba sobre el resto de mi vida.

Por eso, hace unos años, publiqué mi primer libro por mi propia cuenta. Querría poder decirte que fue un éxito de ventas del *New York Times*. Pero no lo fue. De hecho, solo se vendieron cincuenta y siete ejemplares en el primer mes después de publicarlo. Mi primer cheque por derechos de autor contenía la «enorme» cantidad de ciento diez dólares y cuarenta y tres centavos. Basta con decir que Lora y yo no comenzamos a hacer planes para retirarnos jóvenes. No obstante, seguí persiguiendo al león.

Después de casi una década de frustración con aquel sueño, comenzaron a suceder sincronizaciones sobrenaturales a diestra y siniestra. En el capítulo uno te hablé de una de mis convicciones básicas: Dios se dedica a situarnos de manera estratégica en el lugar correcto y en el momento preciso. No se trata de una buena teoría. Es la realidad. Tengo un sentido inconmovible de destino, porque sé que mientras busque el llamado de Dios sobre mi vida, Él será el gran responsable de que yo llegue donde quiere que vaya. Lo mismo se aplica a tu vida. Y en mi oración tengo la esperanza de que *Con un león en medio de un foso* sea una de esas sincronizaciones sobrenaturales que te ayuden a perseguir a tus leones.

Las técnicas para perseguir leones

Hemos hablado de siete habilidades que vas a necesitar si quieres convertirte en un cazador de leones. Tienes que comenzar por intentar comprender la infinitud de Dios, de manera que puedas creer que Él está en capacidad de ayudarte a desafiar todas las probabilidades. Tienes que enfrentarte a tus temores; de lo contrario, ellos te retendrán para siempre sin dejarte avanzar. Tienes que aprender a cambiar de marco tus problemas, por medio de la lectura de las Escrituras, la oración y la adoración. Después tienes que cambiar de perspectiva, de manera que tu problema se vuelva menos importante y la grandeza de Dios se vuelva más evidente.

Y recuerda que *es necesario* que corras riesgos. Esa es la esencia misma de la fe. Entonces estarás listo para aprovechar la oportunidad. Sin embargo, tienes que ser capaz de verla para poderla aprovechar. Esto significa ponerte en sintonía con el Espíritu Santo. Tienes que escuchar su susurro cuando Él te haga sugerencias, y creer que te está preparando para el éxito. Y por último, necesitas aceptar que algunas veces vas a parecer un tonto. Por lo general, perseguir a un león es algo que les parece bastante alocado a todos los demás. Pero seguir a Cristo es hacer la voluntad de Dios, sin que te importe lo tonto que puedas parecer mientras la haces.

Estas habilidades vienen todas en el mismo paquete. No te puedes limitar a escoger una o dos de ellas. O todo, o nada. Y si las aplicas todas a la práctica, comenzarás a vivir a plenitud.

Así que ahora, permíteme que te pregunte: ¿Cuál es el león que Dios te está llamando a perseguir?

Mira de frente al león. ¿Por qué te lo pondría Dios enfrente? ¿Qué cosas buenas tendrá Dios esperándote al otro lado de este desafío? Tal vez se trate de una lección que Él quiere que aprendas, o de una bendición que te quiere dar. Pero no te enfoques solamente en el factor del temor. Trata de ver el cuadro completo.

¿Qué te vas a perder si permites que tus temores dicten tus decisiones? ¿En realidad vale la pena estar «seguro»? Tal vez Dios quiera mostrarte algo acerca de ti mismo, o de Él, pero nunca sabrás de qué se trata, a menos que le caigas atrás a tu león. Y una vez que tengas al león arrinconado en el foso, descubrirás que su rugido es peor que su mordida cuando tienes a Dios de tu lado.

Entonces, ¿cuál es tu primer paso? ¿Qué puedes hacer hoy para llegar a estar un poco más cerca de cazar a ese león? Tal vez tu primer paso no sea muy grande, pero eso no quiere decir que no tenga importancia. Mientras estés siguiendo las huellas de los pies de Cristo, cada paso que des será un salto gigante.

Estoy convencido de que a muchos de nosotros solo nos separa la caza de un león del momento en que nuestros sueños se conviertan en realidad. No te puedo prometer que la persecución dure poco, ni que sea fácil. En ella habrá temor, incertidumbre y riesgo. Pero el lugar donde vayas a parar en la vida depende de la forma en que reacciones cuando un león se te cruce en el camino.

Si huyes del león, un día te darás cuenta de que en realidad has estado huyendo de ti mismo... y de Dios. Tus problemas y tus sueños te seguirán persiguiendo. Pero te tengo una buena noticia: Siempre puedes dar media vuelta, y Dios te dará una segunda oportunidad.

Cuando leo un buen libro, el Espíritu Santo tiene su manera de hacer que salgan a la superficie unos pensamientos y unos sentimientos que han permanecido dormidos durante meses, o tal vez años. Algunas veces surgen sueños ya olvidados. O un problema que no ha sido resuelto. O una oportunidad que no he aprovechado.

Como has leído en *Con un león en medio de un foso*, tengo la esperanza de que el Espíritu Santo haya hecho salir cosas a la superficie de tu espíritu: problemas que necesitas replantear dentro de un marco nuevo, riesgos que tienes que correr, o temores que necesitas desaprender.

Espero que este libro te dé el valor necesario para perseguir a los leones que haya en tu vida.

El gen de cazador

Uno de mis lugares favoritos en el D.C. es la isla Roosevelt. Se encuentra en medio del río Potomac, cerca de Georgetown. A mis hijos les encanta la isla porque es un hábitat natural en medio de una selva urbana. Además, para llegar a ella hay que cruzar un puente a pie. Les encanta perseguir lagartijas y atrapar renacuajos, pero nuestro último viaje a aquel lugar comprendió un encuentro inolvidable de caza mayor. Estábamos buscando lagartijas, cuando Parker divisó una manada de ciervos de cola blanca, a menos de tres metros del sendero.

Yo no tenía ni idea de que hubiera ciervos en la isla. Y tampoco tengo idea de la forma en que llegaron allí. Pero nos pasamos la media hora siguiente persiguiendo ciervos en medio de la maleza, y Parker, Summer y Josiah estaban en la zona. ¡Pasaron uno de los grandes momentos de su vida! ¿Por qué? Porque a los niños les encanta perseguir cosas. Sobre todo cosas salvajes.

A mis hijos les encanta cazar mariposas. Les encanta perseguir conejos. Les encanta perseguir a su papá. Y les encanta perseguirse entre sí.

Es casi como si hubieran nacido con un *gen de cazadores*. Forma parte de nuestro ADN. Necesitamos tener algo que perseguir. Tal vez crezcamos y dejemos de cazar mariposas, pero seguiremos necesitando algo que perseguir. Así que los muchachos persiguen a las muchachas, y las muchachas persiguen a los muchachos. Perseguimos metas académicas, atléticas o artísticas. Perseguimos títulos universitarios. Perseguimos posiciones.

Creo que Dios nos creó para perseguir leones, pero con demasiada frecuencia la persecución termina en un aborto o una desviación del camino. Dejamos de perseguir. O perseguimos lo que no debemos, y esas cosas erradas nos llevan por el camino equivocado.

Tal vez sea tiempo de comenzar a perseguir de nuevo a Dios. Tal vez sea tiempo de aprovechar las oportunidades que Dios te ponga por delante. Tal vez sea tiempo de desatar al cazador de leones que llevas dentro.

¡Persigue al león!

Eso es lo que estás destinado a hacer.

CAPÍTULO 10

LA UNCIÓN DE LA MULTIPLICACIÓN

En 1963, varios arqueólogos israelíes excavaron la fortaleza de Herodes el Grande en Masada. A medida que removían con sumo cuidado las capas históricas, hallaron algunos objetos interesantes: restos humanos y artefactos antiguos. Pero el hallazgo más curioso puede haber sido un recipiente de arcilla con semillas preservadas en su interior.

Los investigadores de la Universidad de Zurich, utilizando el método de datación por radiocarbono, ubicaron lo hallado entre el año 155 a.C. y el 64 d.C., por lo que fijaron la edad aproximada de las semillas en dos mil años. También descubrieron que las pertenecían a una variedad extinta de la palmera datilera de Judea.

Las semillas se resguardaron en la Universidad Bar-Ilan, en Israel, durante cuarenta años. Luego, en 2005, se plantaron tres de ellas en Kibutz Ketura, en el desierto de Arabá. Ocho semanas después, una de esas semillas brotó. Es la semilla más antigua que se conoce y que germinó con éxito, por lo que le dieron el nombre de árbol de Matusalén, en honor al hombre más viejo de la Biblia. Para 2008, esa semilla se convirtió en una palmera de un metro y medio de altura con una docena de hojas. Y para 2015 era una palmera completamente cultivada y productora de polen.[1]

En el campo de la botánica, hay dos categorías de semillas: ortodoxas y no ortodoxas. Lo que hace que la semilla ortodoxa se destaque es su capacidad para sobrevivir. Las semillas no ortodoxas no pueden hacerlo bajo una temperatura de diez grados Celsius, pero las semillas ortodoxas pueden sobrevivir a las sequías, los glaciares y los siglos, incluso veinte siglos, como ocurrió con la semilla de Matusalén.

Los sueños ordenados por Dios son semillas ortodoxas. Tienen la capacidad para sobrevivir a cualquier circunstancia y resisten hasta la prueba del tiempo. Por eso, aun cuando tú mueras, tus sueños no morirán. Mucho tiempo después de que te hayas ido, tus sueños tienen el potencial de influir en naciones y en generaciones. Puedes creer que estoy exagerando en cuanto al poder de una sola semilla, pero tal vez subestimes a Dios, que es capaz de hacer muchísimo más que todo lo que pidamos o imaginemos.

Derrotar a dos moabitas, que eran como feroces leones, le dio a Benaía la fe que necesitaba para perseguir a un león en un pozo. Y salir de eso le dio confianza para enfrentar a un gigante egipcio. El currículo de su fe crecía más con cada victoria que Dios le daba. Pero no te equivoques. No era Benaía el que hacía esas cosas. Fue Dios el que las hizo a través de Benaía.

No importa si cumples la ley, enseñas yoga o sirves como mesero, predicas sermones, disparas con arco o haces operaciones quirúrgicas. Dios quiere ungirte para que cualquier cosa que hagas, la hagas bien. La unción es lo que Dios hace por ti, puesto que eres incapaz de hacerlo tú mismo. La unción te da una sabiduría que supera el conocimiento, un poder superior a toda fuerza y un talento que trasciende tu capacidad.

El Espíritu Santo no te hace mejor que nadie. Te mejora a ti mismo. Te ayuda a convertirte en la mejor versión ¡de ti! El Espíritu Santo no quiere simplemente llenarte; quiere expandirte, quiere crear nuevas habilidades dentro de ti infundiéndote nuevos sueños, dándote nuevos dones.

Si vas a perseguir a un león de doscientos treinta kilos, necesitas la unción de Dios. Es más, necesitas la unción de la multiplicación. ¿Por qué? ¡Porque tu sueño es más del doble de tu tamaño! Un sueño del tamaño de Dios siempre supera tu capacidad, va más allá de tus recursos. A menos que Dios lo realice, no se puede concretar. Lo que significa que necesitas una nueva unción cada día.

No necesitamos más clases, más conferencias. Lo que necesitamos es una nueva unción. Ya sabemos bastante en cuanto a la obediencia. No necesitamos saber más; lo que sí necesitamos es hacer más con lo que sabemos. ¿Cómo se hace eso? Con unción

LA UNCIÓN DE LA MULTIPLICACIÓN

Tres días antes del lanzamiento de mi libro *Con un león en medio de un foso*, asistí a una conferencia en Baltimore, Maryland. Después de hacer mi exposición, fui a una sesión presentada por Tommy Barnett, cofundador de L.A. Dream Center —un verdadero centro de sueños en Los Ángeles, California—, con su hijo Matthew. Tommy habló sobre lo que le costó lograr sus sueños: adquirir el centro hospitalario Queen of Angels Hospital, de treinta y tres mil quinientos metros cuadrados ubicado en tres hectáreas de bienes inmuebles de lujo con vista a la Autopista 101 en Los Ángeles y convertirlo en un centro de sanación espiritual. Eso requirió millones de dólares y más de un milagro, pero el Dream Center ahora sirve a más de cincuenta mil personas mensualmente.

Tras hablar sobre la milagrosa provisión divina, Tommy invitó a cualquiera que quisiera una "unción de multiplicación" a que pasara al altar. ¡Yo fui el primero en hacerlo!

Todos los escritores están muy familiarizados con la aleccionadora estadística de que el noventa y siete por ciento de los libros no venden más de cinco mil copias. Y mi primer intento, un libro que publiqué yo mismo, titulado *ID: The True You*, había vendido muchas menos copias que eso.[2] Así que pasé al altar y oré por una unción de multiplicación para el libro *Con un león en medio de un foso*. Oré con toda la fe que tenía para que se vendieran veinticinco mil ejemplares. Ese era mi número mágico. Sin embargo, la verdad es que apenas era un susurro de la cantidad que anhelaba vender, pero no tenía suficiente fe para expresarlo. Solo tuve fe suficiente para pensarlo. Mi anhelo, lo que copaba mi fe, era cien mil ejemplares.[3]

Una década después, *Con un león en medio de un foso* ha superado con creces mi número mágico y mi anhelo susurrante. Y creo que ocurrió debido a que hay una unción de multiplicación en ese libro. No importa qué sueño te haya dado Dios, necesitas la unción de Él. Esa unción es la diferencia entre lo mejor que tú puedes hacer y lo mejor que puede hacer Dios. Y eso es lo que quiero, ¡lo mejor que Dios pueda hacer por mí!

No escribo para grandes audiencias.

Escribo para mi audiencia principal: Dios.

Cuando me siento frente al teclado de mi computadora, lo que hago es un acto de obediencia. Adoro a Dios con cada una de las letras del alfabeto. Para mí, un libro vendido no es solo eso. Desde el primer día, oré para que Dios pusiera el libro *Con un león en medio de un foso*, en las manos apropiadas en el momento correcto. De modo que un ejemplar vendido es realmente una oración contestada. Y Dios ha respondido esa oración más veces de las que puedo contar.

Nada es más gratificante para mí que escuchar que alguien, al leer una página o un párrafo de este libro, tuviera el valor para perseguir su sueño o que esta obra se convirtió en el catalizador para cambiar de carrera o que fue lo que impulsó una idea que Dios le dio. Incluso, que haya salvado algunas vidas.

Una tarea divina

Peter volaba a Las Vegas cuando se puso a leer *Con un león en medio de un foso*. Después de terminar el primer capítulo, tuvo que cambiar de avión en Phoenix. Lo que leyó lo había conmovido e hizo que estuviera consciente de que no estaba aprovechando las oportunidades como debía.

Cuando halló su asiento en la nave del vuelo de conexión, creyó que aquello era más que una simple asignación de asiento. Sabía que eso era una tarea divina. Se le presentó a la adolescente que estaba en el asiento contiguo, pero ella rápidamente lo evadió. Hizo evidente que no quería conversar, pero Peter no pudo ser indiferente a lo que sintió. "No quiero ofenderte en ningún modo", dijo, "pero parece que tienes una carga y, si puedo ayudarte en alguna manera, me encantaría hacerlo".

Fue entonces cuando la chica le reveló que les había robado la tarjeta de crédito a sus padres para comprar el boleto aéreo. Estaba volando a Las Vegas para practicarse un aborto, pero dudaba que esa fuera la decisión correcta. Cuando llegaron, Peter la había convencido de que llamara a sus padres, que estaban muy preocupados. Y sus padres, a su vez, la convencieron de que tomara el próximo vuelo a casa. No sé qué le pasó a la joven ni a su bebé. Pero la obediencia de Peter a la inspiración del Espíritu Santo salvó una vida, tal vez dos.

"Eso es lo que sucedió después del capítulo uno", dijo Peter. "¡No puedo esperar a leer el segundo!"

El tiempo de Dios es perfecto, ¿no es así?

Si Peter hubiera comenzado a leer *Con un león en medio de un foso* antes de ese vuelo, todo habría sido normal. Si lo hubiera leído en el vuelo de regreso, podría haber sido demasiado tarde. ¡Pero Dios no llega temprano ni tarde! Siempre llega a tiempo, ¡a su tiempo!

La fe es exponencial

Cuando Dios opera un milagro, eso te hace creer que los puede hacer más grandes y mejores aún. Asimismo, cuando Dios te responde una oración o te cumple un sueño, oras con más audacia y sueñas con cosas más grandes. Andas tras sueños que están destinados a fallar si Dios no interviene. De modo que, cuando Dios obra milagros, ¡toda la gloria es de Él!

A este punto de mi vida tengo diez años más, diez años más de sabiduría desde que escribí *Con un león en medio de un foso*. Canto el himno "Grande es su fidelidad" porque tengo diez años más de evidencia. Envejecer implica un proceso de acumulación que hace patente la fidelidad de Dios, la evidencia acumulada es abrumadora. Así que cuanto más viejo eres, más fe tienes. Al pasar el tiempo, lo que veías como lo máximo de tu fe ahora, apenas, es el comienzo.

En cuanto al libro *Con un león en medio de un foso*, lo más que esperaba publicar era cien mil unidades. Yo sabía que debía tener el favor de Dios para alcanzar esas cantidades. Sin embargo, cuando Dios hizo más de lo que me imaginé o pude pedirle, me dio la fe para aumentar la apuesta. Ya cuando escribí mi primer libro superventas, *El Hacedor de círculos* —que apareció en la lista del *New York Times*—, las ventas superaron los tres millones y medio de ejemplares.

Hace diez años National Community Church tenía dos recintos, lo cual fue un trayecto serio. Ahora tenemos ocho recintos, dos cafeterías en dos países y un Dream Center. Y nuestra visión para el 2020 es de veinte recintos, cafeterías y un Dream Center. Ese sueño del tamaño de Dios parecía imposible hace una década, pero no es imposible; simplemente requiere una unción de multiplicación.

Cuando Dios da una visión, también da la provisión. Puede parecer que no suma, pero si la visión es de Él, la hará multiplicarse como los cinco panes y los dos peces.

Nosotros tendemos a pensar en términos de suma y resta, pero Dios se especializa en multiplicación. ¿Recuerdas la alimentación de los cinco mil? En ese caso, 5 + 2 no equivalen a 7. En el reino de Dios, 5 + 2 = 5,000 R12 (cestas sobrantes con panes y peces).[4] ¡De alguna manera sobra más de lo que tenías al principio!

La fe no es lineal; es exponencial. En el primer capítulo de Génesis, Dios le dice a Adán que se multiplique. No era algo opcional. Fue una orden, un comando: la "Operación Génesis". En el libro de Deuteronomio, la multiplicación es evidencia de las bendiciones promulgadas en el Monte Gerizim. A veces evadimos esa promesa de multiplicación debido a las falsas ofertas de salud, riqueza y prosperidad. Pero al evadirlas, perdemos los milagros de multiplicación que Dios quiere hacer en nuestras vidas.

No creo en el evangelio de la prosperidad, pero tampoco creo en el evangelio de la pobreza. Yo creo en el *evangelio* cuyo héroe es Jesús.

Si tratamos de apropiarnos de la unción de Dios para propósitos egoístas, estamos condenados al fracaso. Dios no compartirá su gloria. Sin embargo, nos la revelará si jugamos según sus reglas y para su gloria.

En la parábola de los talentos, el punto de equilibrio no se rompe. No es solo una simple pérdida; es una pérdida total. Es mala administración. Pero el que multiplique su talento será recompensado. Un buen suelo produce un rendimiento treinta, sesenta y cien veces mayor.

Lo que sea que Dios bendiga, se multiplica.

Cualquier cosa que Dios unge, se multiplica.

UNA NUEVA UNCIÓN

Durante el primer año de NCC, los ingresos fueron menores a los cincuenta mil dólares y casi la mitad de eso era para pagar el alquiler de una escuela pública en Washington D.C., donde nos reuníamos los domingos. No fue sino hasta el tercer año que la congregación se sostuvo por sí misma. Y durante nuestra primera década, solo recibimos una donación superior a los diez mil dólares. A lo que me refiero es a esto: nunca pensé que tendríamos propiedades. Y estábamos bastante contentos alquilando espacios de cines.

El 2 de febrero de 2013 escribí las siguientes palabras en mi diario de oración, el diario de mis sueños: "una nueva unción para una nueva dirección". Esa pequeña frase siguió resonando en mi espíritu. No estuve completamente seguro de lo que significaba hasta el 16 de agosto de 2014, cuando firmamos una carta de intención para la compra de un castillo de veintinueve millones trescientos mil dólares en Capitol Hill. Para ser franco, no estaba calificado ni para comprar un inmueble en un barrio de la ciudad. Ni aspiraba a tanto. Y tampoco tenía fe para conseguir casi treinta millones de dólares. Pero Dios apareció y se manifestó. Por otra parte, no es coincidencia que el castillo esté en la esquina sureste del punto en que yo hacía una caminata de oración de siete kilómetros y medio alrededor del Capitolio en 1996. Ni tampoco es casualidad que firmamos la carta de intención de compra dieciocho años después que hice ese círculo de oración.

Si quieres que Dios haga algo nuevo, no puedes seguir haciendo lo mismo de siempre. Lo que te trajo al punto en el que estás no te llevará automáticamente a donde Dios quiere que estés. El liderazgo no es más fácil; es más duro. Los sueños no deben empequeñecerse; deben hacerse más grandes. Con cada bendición, Dios aumenta el reto. Con cada victoria, el riesgo es mayor.

Se requería una unción diferente para que Benaía persiguiera al león que la que necesitó para enfrentarse a los dos moabitas. Y se necesitó otra clase de unción para luchar contra un gigante egipcio que para perseguir a un león en un pozo.

Dios tiene una nueva unción para ti. Y con *nueva*, no me refiero solo a una nueva unción cada día. Quiero decir algo más. Él quiere ungirte de una manera distinta. Pero tienes que atreverte a ser diferente. Tienes que decidir entrar a tu unción.

En su brillante libro *La unción*, R. T. Kendall hace una observación profunda:

> Una persona que tuvo una gran unción ayer, puede continuar viendo el ímpetu de esa unción que continúa manifestándose. Y puede concluir, apresuradamente, que "la unción todavía está aún aquí" cuando no es más que el efecto de la misma unción.[5]

La unción de ayer no es suficiente para los desafíos de hoy.

He dirigido la congregación National Community Church por veinte años, pero soy incapaz de dirigirla durante los próximos dos, cinco o diez años. No con mi nivel actual de unción. Necesito una unción mayor hoy que la que tuve ayer, y necesitaré una más grande mañana que la que tengo hoy.

Si no sigo creciendo en la unción de Dios, me convierto en un hombre de ayer. Pero déjame cambiar el guion. Si sigues creciendo en tu unción, eres el hombre del mañana, la mujer del mañana. Si te mantienes humilde y con hambre, no hay nada que Dios no pueda hacer en, y a través de, ti.

Los grandes sueños son resultado de un gran Dios; sueños que, en el proceso, hacen grandes personas. El objetivo no es lograr el sueño que Dios te ha dado. Es lo que llegas a ser en el proceso. Por eso Dios nos da sueños de doscientos treinta kilos para mantenernos de rodillas y formar el carácter de Cristo en nuestros corazones.

FUERZA MÁXIMA

En un momento te mueves. Al siguiente, un león se te cruza en el camino. Para Tom Boyle, ese león fue presenciar un accidente automovilístico. Justo en frente de él, las chispas volaron desde la parte inferior de un Camaro. Tom vio a un motociclista inmovilizado, debajo del auto.

Cuando Kyle Holtrust —de dieciocho años— gritó pidiendo auxilio, Tom solo —sin ayuda—, levantó el Camaro para liberar al motociclista atrapado. Lo enaltecieron como un héroe por los medios locales pero, de acuerdo a Tom, aquella proeza compasiva no era más que una reacción natural. Fue un despliegue heroico de fuerza que Tom no pudo descifrar. ¿Cómo hizo para alzar un Camaro completamente cargado y sostenerlo por cuarenta y cinco segundos?

Tom Boyle no es un alfeñique de cincuenta kilos de peso. Él alza ciento treinta kilos con su atlético cuerpo de casi dos metros de alto, pero la barra más pesada que jamás haya levantado era de trescientos veinte kilos. Sin embargo, un auto Camaro original pesa mil trescientos kilos.[6] En comparación, el récord mundial lo ostenta el inglés Eddie Hall ("La Bestia"), que levantó 500 kilos.[7]

Por tanto, ¿cómo levantó Tom Boyle ese auto?

Cuando nos encontramos bajo una intensa presión o en una situación que amenace nuestra vida, la glándula suprarrenal libera una reserva de energía que puede hacernos parecer casi sobrehumanos por unos segundos. La adrenalina se bombea al torrente sanguíneo, la presión arterial aumenta y se liberan altos niveles de oxígeno a los músculos.

Vladimir Zatsiorsky, profesor de kinesiología en Penn State University, hace una distinción entre "fuerza absoluta" y "fuerza máxima". La fuerza absoluta es, teóricamente, la mayor fuerza que nuestros músculos pueden ejercer. La fuerza máxima es aquella que nuestros músculos "pueden generar a través del esfuerzo consciente de la voluntad".

Una persona común y corriente puede aglutinar alrededor del sesenta y cinco por ciento de su fuerza absoluta cuando alza pesas. Pero un levantador de pesas entrenado puede alcanzar hasta ochenta por ciento mediante el esfuerzo consciente de la voluntad.[8] Esa diferencia de quince por ciento marca toda la diferencia en el mundo.

Así es la unción de Dios. Opera a la máxima fuerza. Es adrenalina sagrada suplida por el Espíritu Santo. Es la diferencia entre la habilidad natural y el poder sobrenatural. Es la diferencia entre tu cociente intelectual y el espíritu de sabiduría y revelación.

¿Cómo fue que Benaía persiguió a un león en un pozo en un día nevado y lo mató? La respuesta es que Benaía no fue el que lo hizo. Fue Dios el que lo hizo en él, para él y a través de él. Benaía no estaba actuando por su propia fuerza. Fue ungido por Dios. Y tú también puedes serlo.

Sin unción, en el mejor de los casos, somos del montón. ¡Con ella, superamos por mucho al promedio! Sin unción, operamos por debajo del potencial que Dios nos dio. ¡Con ella, haremos proezas!

¡Sé un cazador de leones!

¡Para eso fuiste destinado!

RECONOCIMIENTOS

Sin el apoyo y el aliento de mi esposa, Lora, este libro nunca habría visto la luz del día. ¡Me encanta perseguir leones junto a ti!

Sin unos padres que creyeran en mí más de lo que yo creía en mí mismo, no estoy seguro de que hubiera tenido el valor necesario para cazar leones.

Mi agradecimiento a nuestra familia de la congregación National Community Church, en Washington D.C. No querría estar en ningún otro lugar, ni hacer ninguna otra cosa distinta con nadie más. Gracias por el privilegio que me dan de servirles.

En cuanto a nuestro personal, me encanta ir por la vida ministrando con ustedes. ¡Gracias por lo que hacen y por lo que son!

A Brian McLaren, mi gratitud por el aliento que me diste cuando comencé la tarea de escribir este libro.

A John Eames, gracias por asociarte conmigo en este llamado.

Al equipo de Multnomah le digo que nunca me imaginé que asociarme con una casa de publicaciones fuera algo tan grato. Gracias por su incansable esfuerzo por convertir este sueño en realidad.

A Kevin Marks, gracias por invitarme a unirme al equipo, y por el oportuno aliento que me ibas dando a lo largo del camino. A mis editores, David Kopp y Adrienne Spain, mi gratitud por su sabiduría, paciencia y valor. Ustedes hicieron de mí un mejor escritor. A Jason Myhre, gracias por infundirle tu creatividad a este proyecto. A Jake Burts, gracias por mantenernos en la tarea, y puntuales.

NOTAS

CITAS TOMADAS DE LAS ESCRITURAS

Capítulo 1: Mira fijamente a los ojos a tu león
«Benaías hijo de Joyadá era...»: 2 Samuel 23:20-21.

Capítulo 2: Lo raro de las probabilidades
La descripción del egipcio aparece en 1 Crónicas 11:23.
«Tienes demasiada gente...»: Jueces 7:2.
«Todavía hay demasiada gente...»: Jueces 7:4.
«Tienes demasiada gente...»: Jueces 7:2.
«La tierra era un caos total...»: Génesis 1:2.
«Tu protección me envuelve por completo...»: Salmo 139:5.
«Un día es como mil años...»: 2 Pedro 3:8.
«Porque mis pensamientos no son los de ustedes...»
    Isaías 55:8-9.
El versículo que afirma que Dios pensó todo lo que nosotros
    necesitamos está en Efesios 1:11.
«Porque somos hechura de Dios...»: Efesios 2:10.
«¡Ay, maestro! —gritó—. ¡Esa hacha no era mía!»: 2 Reyes 6:5.
«Hizo que el hacha saliera a flote»: 2 Reyes 6:6.
«Ni con el salario de ocho meses podríamos comprar suficiente...»:
    Juan 6:7.
«Jesús tomó entonces los panes...»: Juan 6:11-13.
La historia y el significado de la palabra Ebenezer aparece en
    1 Samuel 7:6-12.
«Les aseguro que todo lo que ustedes aten en la tierra quedará atado
    en el cielo...»: Mateo 18:18.

El «libro de memorias» aparece mencionado en Malaquías 3:16.

La frase «la niña de los ojos» es usada en Zacarías 2:8.

Capítulo 3: Desaprende tus temores

«Ustedes han oído que se dijo: "Ojo por ojo..."»: Mateo 5:38-39.

«Ustedes han oído que se dijo: "No cometas adulterio..."»: Mateo 5:27-28.

«Ustedes han oído que se dijo: "Ama a tu prójimo..."»: Mateo 5:43-44.

«No tengo a nadie que me meta en el estanque...»: Juan 5:7.

«Levántate, recoge tu camilla y anda»: Juan 5:8.

«No se amolden al mundo actual...»: Romanos 12:2.

«La actitud de ustedes debe ser como la de Cristo Jesús...»: Filipenses 2:5.

«Que habite en ustedes la palabra de Cristo con toda su riqueza»: Colosenses 3:16.

«Su enemigo el diablo ronda...»: 1 Pedro 5:8.

A Satanás se llama «el acusador de nuestros hermanos» en Apocalipsis 12:10.

Juan 18:4 indica que Jesús les salió al encuentro cuando sus enemigos llegaron para arrestarlo.

«Como oveja, fue llevado al matadero. . .»: Hechos 8:32.

«Si eres el rey de los judíos, sálvate a ti mismo»: Lucas 23:37.

«¿Crees que no puedo acudir a mi Padre...»: Mateo 26:53-54.

«Sadrac, Mesac y Abednego le respondieron a Nabucodonosor...»: Daniel 3:16-18.

«En ese momento Nabucodonosor se puso de pie, y sorprendido...»: Daniel 3:24-25.

«Entonces exclamó Nabucodonosor: "¡Alabado sea el Dios de estos jóvenes..."»: Daniel 3:28.

Capítulo 4: El arte de replantear

En 1 Samuel 22:14 se dice de David que era el jefe de la guardia real del rey Saúl.

«A mí me toca cuidar el rebaño de mi padre. Cuando un león o un oso viene...»: I Samuel 17:34.

«Entonces la multitud se amotinó contra Pablo y Silas...»: Hechos 16:22-24.

«A eso de la medianoche, Pablo y Silas se pusieron a orar...»: Hechos 16:25.

«De repente se produjo un terremoto tan fuerte...»: Hechos 16:26.

«Quien nos consuela en todas nuestras tribulaciones...»: 2 Corintios 1:4.

«Porque a ustedes se les ha concedido no sólo creer en Cristo...»: Filipenses 1:29.

«Cinco veces recibí de los judíos...»: 2 Corintios 11:24-27.

Capítulo 5: Una incertidumbre garantizada

«Espero que el Señor nos ayude»: I Samuel 14:6.

«Salió sin saber a dónde iba»: Hebreos 11:8.

«Y Noé hizo todo según lo que Dios le había mandado»: Génesis 6:22.

«Cuando llegó el día de Pentecostés...»: Hechos 2:1-4.

La parábola de los talentos se encuentra en Mateo 25:14-30.

«Las zorras tienen madrigueras y las aves tienen nidos...»: Mateo 8:20.

«La paz de Dios, que sobrepasa todo entendimiento...»: Filipenses 4:7.

La historia del milagro en que Jesús convirtió el agua en vino durante las bodas de Caná aparece en Juan 2:1-11.

La historia de José se encuentra en Génesis 37-50.

«Atiende, Señor, a mis palabras...»: Salmo 5:1.

«En nuestra debilidad el Espíritu acude a ayudarnos...»: Romanos 8:26.

Capítulo 6: Buscar la seguridad es arriesgado

«Se destacó más que los treinta valientes...»: 2 Samuel 23:23.

«¡Y si perezco, que perezca!»: Ester 4:16.

«Si a Su Majestad le parece bien...»: Nehemías 2:5.

«¡No hace falta que nos defendamos ante Su Majestad!...»:
Daniel 3:16-17.

«Nosotros no podemos dejar de hablar...»: Hechos 4:20.

La parábola de los talentos se encuentra en Mateo 25:14-30.

«Otros sufrieron la prueba de burlas y azotes...»: Hebreos 11:36-38.

«Si alguien quiere ser mi discípulo, tiene que negarse a sí mismo, tomar su cruz y seguirme. Porque el que quiera salvar su vida, la perderá; pero el que pierda su vida por mi causa, la encontrará»: Mateo 16:24-25.

«Les aseguro —respondió Jesús— que en la renovación de todas las cosas...»: Mateo 19:28-29.

«¡Cálmense! Soy yo. No tengan miedo» [...] «Señor, si eres tú...» [...] «Ven»: Mateo 14:27-29.

«Pero al sentir el viento fuerte...»: Mateo 14:30.

«Desde los días de Juan el Bautista hasta ahora...»: Mateo 11:12.

Capítulo 7: *Agarra la oportunidad por la melena*

Las Escrituras dicen en 1 Crónicas 27:5 que Benaía tuvo bajo su mando a veinticuatro mil hombres.

«Se alegrarán los que menospreciaron los días de los modestos comienzos...»: Zacarías 4:10.

«El sucesor de Aod fue Samgar...»: Jueces 3:31.

«Compórtense sabiamente [...] Aprovechando al máximo cada momento oportuno...»: Colosenses 4:5.

«Dedíquense a la oración...»: Colosenses 4:2.

«Quien vigila al viento, no siembra...»: Eclesiastés 11:4.

«Todavía no ha llegado mi hora»: Juan 2:4.

«Siembra tu semilla en la mañana...»: Eclesiastés 11:6.

Capítulo 8: *La importancia de parecer tonto*

La historia de Noé se encuentra en Génesis 5:32—9:29.

La historia de Sara se encuentra en Génesis 11:29—23:1.

La historia de los muros de Jericó se encuentra en Josué 5:13—6:27.

La historia de David y Goliat se encuentra en 1 Samuel 17:1-50.

La historia de los sabios se encuentra en Mateo 2:1-12.

La historia del momento en que Pedro caminó sobre el agua se encuentra en Mateo 14:22-33.

La historia de la crucifixión y resurrección de Jesús se encuentra en Mateo 27—28, Marcos 15—16, Lucas 22—24 y Juan 19—20.

Dios le dice a Ezequiel que cocine usando estiércol como combustible en Ezequiel 4:12.

La historia del asna que habló se encuentra en Números 22:28.

Dios le indica a Oseas que se case con la prostituta en Oseas 1:2-3.

«A proclamar libertad a los cautivos...»: Lucas 4:18.

«Les aseguro que a menos que ustedes cambien...»: Mateo 18:3.

«El que se humilla como este niño...»: Mateo 18:4.

«En ese momento se les abrieron los ojos...»: Génesis 3:7.

«No se emborrachen con vino...»: Efesios 5:18.

«Sucedió que, al entrar el arca del Señor a la Ciudad de David...»: 2 Samuel 6:16.

«¡Qué distinguido se ha visto hoy el rey de Israel...»: 2 Samuel 6:20.

«Lo hice en presencia del Señor, quien en vez de escoger a tu padre o a cualquier otro de su familia, me escogió a mí...»: 2 Samuel 6:21-22.

Nuestras obras de justicia son llamadas «trapos de inmundicia» en Isaías 64:6.

«Entonces, haciendo un látigo de cuerdas...»: Juan 2:15.

«Sus discípulos se acordaron de que está escrito...»: Juan 2:17.

Capítulo 10: *La unción de la multiplicación*

A Aquel que es poderoso para hacer todas las cosas mucho más abundantemente... Efesios 3:20

OBRAS CITADAS

Capítulo 1: Mira fijamente a los ojos a tu león
1. Dr. Neal Roese, *If Only: How to Turn Regret into Opportunity*.

Capítulo 2: Lo raro de las probabilidades
1. A. W. Tozer, *The Knowledge of the Holy*, HarperSanFrancisco.
2. Ibíd.

Capítulo 4: El arte de replantear
1. Viktor E. Frankl, *Man's Search for Meaning*, Beacon Press.
2. Dr. Neal Roese, *If Only: How to Turn Regret into Opportunity*.
3. Walter Kaufman, *Faith of a Heretic*, Doubleday.

Capítulo 5: Una incertidumbre garantizada
1. Robert Fulghum, *From Beginning to End*, Ivy Books,.
2. Dr. Martin Seligman, *Learned Optimism*, Free Press.
3. Ibíd.
4. Ted Loder, *Guerrillas of Grace: Prayers for the Battle*, Innisfree Press.

Capítulo 6: Buscar la seguridad es arriesgado
1. James Gleick, *Chaos: Making a New Science*, Penguin.
2. Dr. Neal Roese, *If Only: How to Turn Regret into Opportunity*.
3. Annie Dillard, *Teaching a Stone to Talk: Expeditions and Encounters*, Harper Perennial.
4. Robert Briner, *Roaring Lambs*, Zondervan.

Capítulo 7: Agarra la oportunidad por la melena
1. Howard Schultz, *Pour Your Heart into It: How Starbucks Built a Company One Cup at a Time*, Hyperion.
2. Ibíd.

3. Ibíd, p. 185.
4. Mark Burnett, *Jump In! Even If You Don't Know How To Swim*, Ballantine Books.

Capítulo 8: La importancia de parecer tonto

1. John Putzier, *Get Weird!: 101 Innovative Ways to Make Your Company a Great Place to Work*, American Management Association.
2. Gordon Mackenzie, *Orbiting the Giant Hairball! A Corporate Fool's Guide to Surviving with Grace*, Viking Adult.
3. Ibíd.
4. Ibíd
5. Warren G. Bennis y Robert J. Thomas, *Geeks and Geezers*, Harvard Business School Press,.
6. Ronald Rolheiser, *Against an Infinite Horizon: The Finger of God in Our Everyday Lives*, Crossroad.
7. Dorothy Sayers, «The Greatest Drama Ever Staged», *Letters to a Diminished Church*, W Publishing Group.

Capítulo 10: La unción de la multiplicación

1. Clara Moskowitz, "Extinct Tree from Christ's Time Rises from the Dead," LiveScience, June 12, 2008, www.livescience.com.
2. *ID: The True You* ha vendido 3,641 ejemplares.
3. Un número susurrante es el pronóstico no oficial e inédito de las ganancias por acción en Wall Street.
4. El R12 significa Resto 12, el número de cestas de sobras después de que todos comieron.
5. R. T. Kendall, *The Anointing: Yesterday, Today and Tomorrow*, Charisma House.
6. Jeff Wise, "When Fear Makes Us Superhuman," *Scientific American*, December 28, 2009, www.scientificamerican.com.
7. James Dator, "Strongman Breaks World Record with Ludicrous 1,025 Pound Deadlift," SB Nation, March 6, 2016, www.sbnation.com.
8. Wise, "When Fear Makes Us Superhuman."

Persigue al león

POR MARK BATTERSON

Un sueño dentro de otro sueño

Éstos son los nombres de los soldados
más valientes de David.

2 SAMUEL 23:8

En el verano de 1896, Orville Wright, de veinticinco años de edad, contrajo fiebre tifoidea. Estuvo varios días delirando, a punto de morir. Pasó todo un mes antes de que pudiera sentarse en la cama y varias semanas más antes de que pudiera salir de ella. Y puede que eso haya sido lo mejor que le pudo ocurrir a Orville. Su hermano, Wilbur, se había interesado mucho en el vuelo humano. Con Orville postrado en cama, Wilbur tuvo su público cautivo. Le leía sobre el tema a Orville, en voz alta, y así es como el camino de los hermanos Wright se cruzó con su león.

Los leones de doscientos treinta kilos se esconden a menudo en las páginas de un libro, a la espera de un soñador que voltee una de ellas. Tu sueño puede estar a un libro, a una página, de distancia.

El obispo Milton Wright tenía una biblioteca bastante considerable para finales del siglo diecinueve. El obispo tenía una sacra curiosidad por todo lo referente a la vida, pero tenía una especial fascinación con el vuelo de las aves, lo que explica un título atípico en su estante: *El mecanismo de los animales: Un tratado de locomoción terrestre y aérea*. Para el tiempo en que Wilbur terminó de leer ese libro, ya había descubierto su destino. La fascinación del padre se había convertido en la obsesión de los hermanos.

El 30 de mayo de 1899, Wilbur escribió la carta más importante de su vida, dada la reacción en cadena que puso en movimiento. Dirigió la carta, escrita en papelería de la compañía Bicicletas Wright, al Instituto Smithsonian, informándoles que había comenzado un estudio sistemático del vuelo humano. Wilbur solicitó todo lo escrito sobre el tema, que no era mucho. Pero un libro, *L'Empire de l'Air*, del agricultor, poeta y estudiante de vuelo francés Louis Pierre Mouillard, fue como "un profeta que clama en el desierto, que exhorta al mundo a arrepentirse de su falta de fe en la posibilidad del vuelo humano".[1]

Exhortar al mundo a arrepentirse de su falta de fe en la posibilidad del vuelo humano.

Me gusta esa frase, y mucho.

Me convence, me desafía.

¿De qué imposibilidad necesitas arrepentirte?

No es solo de nuestro pecado que necesitamos arrepentirnos. Es de nuestros sueños pequeños. El tamaño de tu sueño puede ser la medida más precisa del tamaño de tu Dios. ¿Es Él más grande que tu mayor problema, tu peor fracaso, tu error más grande? ¿Es Él capaz de hacer muchísimo más que todo lo que puedas pedir o imaginar?[2]

Un sueño del tamaño de Dios siempre estará más allá de tu capacidad, más allá de tus recursos. A menos que Dios intervenga, ¡no se puede hacer! Pero así es como Dios recibe la gloria. Si tu sueño no te asusta, es demasiado pequeño. Tampoco está a la altura de la gloria de Dios, por no darle la oportunidad de presentarse y mostrar su poder. Este libro es un llamado al arrepentimiento: arrepiéntete de tus pequeños sueños y tu pequeño Dios. Es también un desafío: un desafío a perseguir un sueño que sea más grande que tú.

Para un Dios infinito, todos los finitos son iguales. No hay grande ni pequeño, fácil ni difícil, posible ni imposible. Cuando Jesús salió de la tumba al tercer día, la palabra imposible fue eliminada de nuestro diccionario. Así que deja de concentrarte en el león de doscientos treinta kilos. Fija tus ojos en el León de la tribu de Judá.

Lo imposible es una ilusión.

Los hermanos Wright no tenían educación, ni fondos ni amigos en las altas esferas. Todo lo que tenían era un sueño, pero eso es todo lo que se necesita si se acopla con una perseverancia tenaz. Una y otra vez, los hermanos Wright fracasaron en sus intentos por volar, pero se negaron a rendirse. Aprendieron de cada uno de los fracasos hasta que desafiaron la gravedad durante doce segundos en Kitty Hawk, Carolina del Norte, el 17 de diciembre de 1903.

Lo imposible es temporal.

En el verano de 1896, el vuelo humano era ciencia ficción. Ahora es nuestra realidad diaria. En cualquier momento dado en un día cualquiera, cinco mil aviones que transportan un millón de pasajeros están volando a través de la troposfera a quinientos kilómetros por hora. Y todo comenzó con un sueño. Siempre es así. Wilbur Wright se arrepintió de su incredulidad en la posibilidad del vuelo humano; el resto es historia.

No te limites a leer este libro.

¡Arrepiéntete de no creer que tu sueño es posible!

EL ORIGEN

Mi esposa, Lora, y yo tenemos una pequeña tradición en la víspera de Navidad. Vemos el clásico de 1946, *Es una vida maravillosa*, protagonizada por Jimmy Stewart. Nuestros hijos tienen la suya. Ellos ven *El origen*, la película de ciencia ficción escrita, dirigida y producida por Christopher Nolan. Esa película introduce a nuestros hijos en el espíritu de la Navidad, supongo.

La trama no es fácil de desenredar, pero unos extractores se infiltran en las mentes subconscientes de sus objetivos y sacan información de allí, mientras estos están en un estado soñoliento. En una escena que cambia la trama, Dominic Cobb, interpretado por Leonardo DiCaprio, va más allá de la técnica de extracción. Intenta la casi imposible tarea de originar o implantar una idea en el subconsciente de uno de los objetivos.

Cobb le dice a su socio delincuente, Arthur, interpretado por Joseph Gordon-Levitt: "Tenemos que plantarlo en lo profundo de su subconsciente". Arthur le pregunta: "¿Qué tan profundo?" Cobb dice: "A tres niveles de profundidad". Arthur responde con una pregunta que enmarca la película: "Un sueño dentro de otro sueño dentro de un sueño más, ¿es eso siquiera posible?"[3]

La película de Christopher Nolan popularizó la frase "un sueño dentro de otro sueño", pero su etimología se remonta a un poema de Edgar Allan Poe titulado: "Un sueño dentro de otro sueño". La última estrofa plantea una pregunta: "¿Es todo lo que vemos o no es más que un sueño dentro de otro sueño?"[4]

La respuesta, creo, es sí.

En el principio Dios tenía un sueño llamado creación. En el sexto día creó a los soñadores. Esa capacidad de imaginar es aplicable solo a los portadores de su imagen.

La imaginación es un regalo de Dios para ti.

El sueño es tu obsequio a Dios.

Suponemos que Adán y Eva habrían permanecido en el jardín del Edén por siempre si no hubieran comido del árbol del conocimiento del bien y el mal, pero eso es una mala interpretación del texto. Mucho antes de que Adán y Eva fueran expulsados del jardín, Dios les dijo que llenaran la tierra y la sometieran. Era una invitación divina a explorar, a aventurar, a descubrir, a soñar.

Todo al este del Edén era inexplorado: 510.100.422 kilómetros cuadrados de territorio virgen. No muy diferente de Cristóbal Colón, que fue comisionado por los reyes de España para encontrar una ruta occidental a las Indias, o Lewis y Clark, a quienes el presidente Jefferson les encargó que exploraran el territorio recién adquirido de Luisiana; Adán y Eva fueron comisionados por Dios para someter al planeta Tierra.

El astrónomo que traza el mapa de las estrellas, el genetista que traza el mapa del genoma humano, el investigador que busca una cura para el cáncer, el desarrollador que diseña ciudades, el oceanógrafo que explora el arrecife de coral, el ornitólogo que estudia las especies de aves raras, el empresario que comienza corporaciones, el político que elabora la legislación, el físico que persigue a los cuarzos, y el químico que traza las estructuras moleculares están todos cumpliendo la comisión de Génesis en sus propias maneras.

No sé qué sueño te ha dado Dios, pero es un sueño dentro de otro llamado Creación. Es también una historia dentro de una historia llamada Redención. Dios está escribiendo su historia a través de ti, y siempre comienza con un sueño. Es posible que no te veas como un soñador, pero lo eres. Tienes sueños que ni siquiera estás consciente de ellos, sueños que no has pensado que son sueños. Si eres padre o madre, por ejemplo, tienes un sueño. Incluso le diste un nombre a tu sueño cuando nació.

Ahora voy a estrechar el diafragma un poco.

> Y en los postreros días, dice Dios,
>   Derramaré de mi Espíritu sobre toda carne,
> Y vuestros hijos y vuestras hijas profetizarán;
>   Vuestros jóvenes verán visiones,
>   Y vuestros ancianos soñarán sueños.[5]

Soñarán sueños.

Ese es el subproducto natural y sobrenatural de ser llenos del Espíritu de Dios.

El Espíritu Santo puede crear inicios y lo hace. Él implanta sueños profundos dentro del espíritu humano, a tres niveles de profundidad. También extrae sueños que han estado muertos y enterrados por décadas, y los trae de vuelta a la vida. Y lo puede hacer de mil maneras.

Para Wilbur Wright, fue un libro que leyó a los veintinueve años.

Para mí, fue un sermón que oí a los diecinueve años.

Para David, fue el día que un profeta se presentó en su puerta.

EL SOÑADOR

David estaba cuidando las ovejas del mismo modo que lo había hecho el día anterior y el día previo al anterior. Es lo que él hacía; es lo que él era. Así que cuando el profeta Samuel le dijo al padre de David que uno de sus hijos se convertiría en rey, el padre no se molestó en llamar a David. ¿Por qué? Porque su padre terrenal no vio el potencial de David. Vio a un niño pastor. Ni más ni menos.[6]

Samuel vio otra cosa, algo más.

Cuando reflexiono en mis sueños, agradezco eternamente por los profetas —entrenadores, maestros, pastores, mentores— que vieron un potencial en mí que yo no podía ver. En momentos críticos creyeron en mí más que lo que yo creía en mí mismo. Sus palabras de aliento me dieron el valor para dar los pasos de fe. Sus palabras sabias me ayudaron a navegar entre decisiones difíciles. Son gente común con nombres corrientes: Don, Bonnie, Bob, Karen, Bob, Bob y Dick, solo por nombrar unos pocos. Como Samuel con David, ellos me ayudaron a descubrir mi destino.

Nunca se sabe cuándo, dónde o cómo el destino llamará a tu puerta, pero rara vez tiene una cita programada. Casi nunca descubres tu sueño. Tu sueño es el que te descubre a ti cuando estás atendiendo fielmente a las ovejas.

David era asesino de gigantes, compositor y el rey de Israel. Pero antes de que fuera ninguna de esas cosas, era soñador. Samuel hizo algo más que ungir la cabeza de David; implantó un sueño en el corazón de David. Y al igual que cualquier sueño del tamaño de Dios, tomaría tiempo y requeriría un equipo.

El equipo soñado

El Segundo Libro de Samuel 23 es más que una larga lista de treinta y siete nombres. Es una lista de personajes importantes. En las páginas que siguen, vamos a detallar algunos de sus actos heroicos. Estos eran los mejores amigos de David, sus confidentes más cercanos. No solo eran de valor sin igual, sino que su lealtad a David era absoluta. Todos ellos estaban dispuestos a dar sus vidas por la de David. Y eso plantea algunas preguntas: ¿Qué atraía a esos hombres poderosos hacia David? ¿Por qué echarían suertes con un fugitivo? ¿Qué transformó a esos rebeldes andrajosos en una banda de hermanos que arriesgarían sus vidas por lo que parecía una causa perdida?

Los hombres valientes se sentían atraídos por un soñador con un sueño del tamaño de Dios. Eso es lo que va a atraer a la gente hacia ti.

Sin su banda de hermanos, el sueño de David de convertirse en rey era una quimera. Su destino estaba ligado al de ellos y el de ellos estaba ligado al de David. El sueño de David se convirtió en el de ellos, un sueño dentro de otro sueño.

Nuestros sueños se entrelazan más estrechamente a través del tiempo y el espacio de lo que cualquiera de nosotros pueda imaginar. Tus sueños son posibles gracias a los sueños que se soñaron antes. El efecto dominó de tus sueños se sentirá por generaciones.

Benaía ayudó a David a cumplir con su destino, por lo que este se convirtió en el rey de Israel. Pero fue una acción de doble sentido. David ayudó a que los sueños de Benaía también se hicieran realidad. Cuando la corona pasó de David a su hijo Salomón cuarenta años más tarde, Benaía fue promovido de guardaespaldas a comandante en jefe del ejército de Israel. Y lo mismo puede decirse de Salomón. Fue el sueño de David lo que estableció a Salomón como rey de Israel, pero fue

Salomón quien cumplió el sueño de su padre de construir un templo en Jerusalén.

Tu mayor legado no es tu sueño. Tu mayor legado es la próxima generación de soñadores que tu sueño inspire: los sueños dentro de otro sueño.

Uno de mis sueños es pastorear una iglesia de por vida, sueño que he estado viviendo por los últimos veinte años. Pero, en realidad, es un sueño dentro de otro sueño. Mi suegro, Bob Schmidgall, fundó y fue pastor de Calvary Church en Naperville, Illinois, por treinta y un años. Estuve por mucho tiempo en primera fila viendo con obediencia en la misma dirección. Vi lo que Dios podía hacer si uno se planta a sí mismo en un lugar y deja que sus raíces profundicen. El sueño de él implantó una semilla en mi espíritu, a tres niveles de profundidad.

Mi sueño no es mi legado.

Mi sueño es el legado de mi suegro.

Mi sueño no nació el 7 de enero de 1996, el día que empecé a pastorear un grupo de diecinueve personas llamado National Community Church (NCC). Mi sueño dentro de otro sueño se concibió en julio de 1967, cuando mi suegro inició la congregación Calvary Church.

Nuestros sueños nos preceden.

Nacieron mucho antes de que existiéramos.

Nuestros sueños suceden después de nosotros.

Ellos hacen la distinción mucho después de que nos hayamos ido.

El atrapasueños

Nuestra familia extendida se reunió alrededor de la chimenea el pasado Día de Acción de Gracias y escuchamos un sermón de mi suegro predicado el 21 de febrero de 1979. Él murió hace dieciocho años, por lo que algunos de sus nietos nunca habían oído su voz.

Fue un mensaje sorprendente sobre la visión, pero una observación preliminar me llamó la atención. Mi suegro honraba a E. M. Clark, que estaba en la audiencia ese día. Se refirió a Clark, el superintendente distrital de las Asambleas de Dios de Illinois, como un padre espiritual. Nunca conocí a E. M. Clark. Y hasta que oí el sermón, no tenía ni idea de que había hecho un impacto tan profundo en la vida de mi suegro. Pero yo soy el beneficiario secundario. Si E. M. Clark era el padre espiritual de mi suegro, eso me convierte en su nieto espiritual.

E. M. Clark era un atrapasueños. Su sueño era aprovechar los sueños de otras personas, y se evidencia por su lema que se convirtió en el mantra del distrito de Illinois: "Ven a compartir tu sueño con nosotros y te ayudaremos a cumplirlo".

A mediados de la década de 1960 dos jóvenes soñadores llamados Bob Schmidgall y Dick Foth respondieron a ese llamado. Dick y Ruth Foth plantaron una iglesia cerca de la Universidad de Illinois, en Urbana. Bob y Karen Schmidgall fundaron otra en Naperville, Illinois. Eran los instrumentos jóvenes del distrito de Illinois, y ambas iglesias siguieron una curva de crecimiento similar durante su primera década. Dick Foth dejó el pastorado para convertirse en presidente de Bethany College, en Santa Cruz, California, pero Dick y Bob permanecieron como amigos cercanos aunque lejos y a través de los años.

Ahora permíteme conectar los puntos.

Justo antes de que Lora y yo persiguiéramos a un león a Washington, D.C., en 1994, Dick y Ruth Foth se reubicaron en la capital del país para trabajar tras bambalinas con personas importantes de Washington en embajadas, en el Pentágono y en los pasillos del Congreso.

Los Foth no solo nos invitaron a Lora y a mí a cenar nuestro primer Día de Acción de Gracias en Washington D.C., sino que nos trataron como de la familia. Es más, Dick Foth ha sido mi padre espiritual durante los últimos veinte años. Su influencia en mí es incalculable.

Hace veinte años, cuando diecinueve personas se presentaron a nuestro primer servicio, dos de ellos eran Dick y Ruth Foth. Y ellos invitaron a sus amigos el senador John Ashcroft y su esposa Janet. No solo nos dieron apoyo moral, que tanto necesitamos, sino que también nos dieron la mayor parte de la ayuda financiera, puesto que nuestro grupo básico consistía principalmente de estudiantes universitarios.

Si sacas cuentas, el veintiún por ciento de nuestro grupo principal fue resultado directo de una amistad que mi suegro cultivó con Dick Foth antes de que yo naciera. Y esa amistad era el derivado de un atrapasueños que dijo: "Ven a compartir tu sueño con nosotros y te ayudaremos a cumplirlo".

¿Mi punto? Mi sueño es un sueño dentro de otro sueño dentro de otro sueño más. Y también lo es el tuyo. Tu sueño tiene una genealogía. ¡Honra a tus ascendientes! Tu sueño también tiene descendencia. ¡Empodera a tus descendientes! Y recuerda, tu vida es una trama secundaria en la gran narrativa de Dios: el arco de la historia de la redención.

Una nota al pie: tu legado no consiste solo en tus sueños del tamaño de Dios.

Tus pequeños actos de bondad también son tu legado.

E. M. Clark fue un padre espiritual para mi suegro, pero hizo más que ayudarlo a cumplir su sueño. Un acto de bondad hizo que se destacara mucho más. Durante los primeros días de su viaje ensoñador, una docena de estudiantes universitarios pasaron un verano en Naperville, Illinois, ayudando a mi familia política a plantar la congregación de Calvary Church. Clark y su esposa, Estella, los visitaron un fin de semana, y mi suegra les sirvió panes con salchichas (hot dogs), papas fritas y Kool-Aid. Eso era todo lo que ella y mi suegro podían permitirse. En el camino saliendo de la ciudad, los Clark se detuvieron en la tienda de comestibles y compraron bistecs, papas al horno y helado para todo el equipo. Unos días más tarde, mi suegra recibió un regalo en el correo: un cuchillo eléctrico, ¡que sigue utilizando cuarenta y nueve años más tarde! Es la dádiva que sigue dando. No solo el cuchillo, sino también el sueño.

INVENTARIO DEL SUEÑO

Cuando hago un inventario de mis sueños, me doy cuenta de que todos ellos son un sueño dentro de otro. El sueño de escribir un libro sobre

Benaía se inspiró en un sermón que oí cuando tenía diecinueve años. Así que el libro es realmente un sueño dentro de un sermón expuesto por Sam Farina. El sueño de crear una fundación para la familia fue inspirado por Jim Linen y el Fideicomiso de Caridad de Des Plaines, donde he tenido el privilegio de servir como miembro del consejo de administración por la última década. Incluso nuestro sueño con las reuniones en salas de cine en las paradas del metro es un sueño dentro de otro sueño. La idea fue implantada en mi subconsciente al escuchar la historia de la congregación Willow Creek Community Church, en una de sus conferencias de liderazgo.

Este año, abrimos una sala de cine de primera clase para películas de segunda exhibición en el Capitolio. Es una expresión de nuestra convicción fundamental: el lugar de la iglesia es en el medio del mercado. En mi opinión los cineastas son profetas posmodernos y las pantallas de cine son vitrales posmodernos.

Con demasiada frecuencia, la iglesia se queja de la cultura en vez de crearla. La energía que gastamos en la crítica se la estamos robando a la creatividad. Es energía lateral. Necesitamos menos comentaristas y más innovadores. Trato de vivir de acuerdo con la máxima de Miguel Ángel: critica creando. ¡Deja de quejarte de lo que está mal y haz algo que marque la diferencia!

Escribe un mejor libro.

Inicia un mejor negocio.

Crea un mejor producto.

Ejecuta una mejor campaña.

Redacta una mejor ley.

Produce una mejor película.

En la década de 1930 un productor de la empresa cinematográfica 20th Century Fox escribió una carta a los presidentes de varios colegios cristianos prominentes, pidiéndoles que le enviaran guionistas. Su sueño era producir películas con una trama secundaria de redención. Un presidente le contestó y dijo que primero enviaría a sus jóvenes al mismo infierno que a Hollywood.[7]

¡Cómo se perdió esa oportunidad!

Ahora déjame parar de despotricar y hacer mi punto. El que una iglesia abra una sala de cine es algo un poco fuera de los parámetros prestablecidos, pero incluso ese sueño es un sueño dentro de otro sueño.

En 1960, un evangelista llamado R. W. Schambach sostenía una campaña de avivamiento en Washington, D.C. Mientras caminaba por una sala de cine en el 535 Eighth Street SE, se sintió inspirado a orar para que Dios cerrara el teatro y lo convirtiera en una iglesia. Dos años más tarde se convirtió en la congregación People's Church. Y cuarenta y nueve años más tarde se convertiría en National Community Church.

Nunca olvidaré nuestro primer encuentro. Llenamos el lugar, no solo el santuario y el vestíbulo. Teníamos gente hasta esperando en la acera. Michael Hall, el pastor de People's Church, estaba allí esa noche.

Más tarde, Michael dijo: "Mark, hace muchos años tuve una visión en la que nuestra iglesia estaba llena de gente joven que levantaba sus manos en adoración. La iglesia estaba tan llena que vi gente que adoraba a Dios afuera de la puerta del frente hasta la acera". Michael había soñado ese sueño por mucho tiempo y esa noche se convirtió en realidad. "Creí que la visión era para mí", dijo. "Pero ahora me doy cuenta de que era para ti".

Estoy eternamente agradecido a nuestros queridos amigos Michael y Terry Hall. Requirió mucho valor para que People's Church nos vendiera su edificio, pero las oraciones que se hicieron en ese lugar durante cuarenta y nueve años todavía están siendo respondidas. Todo lo que Dios hace en y a través de National Community Church es una oración dentro de otra oración. Estamos cosechando donde no sembramos.

Además de tener las cuatro reuniones de fin de semana, decidimos convertir nuestro recinto, en el Capitolio, en un teatro tipo art-deco, en el que la iglesia y la comunidad pudieran coincidir. Hace poco tuvimos que colocar un aviso afuera del teatro. Decidimos darle el nombre de lo

que era: El milagro. Es también una forma de honrar a R. W. Schambach, cuya oración hace cincuenta y seis años, lo hizo posible.
Después de sus campañas, Schambach a veces iniciaba una iglesia.
La primera fue en Newark, Nueva Jersey, en 1959. También comenzó
iglesias en Filadelfia, Chicago y Brooklyn. A cada una de ellas se le dio
el mismo nombre: Templo El Milagro. Nosotros quitamos "Templo"
y añadimos "Teatro". Pero es el testimonio de un soñador, un nombre
dentro de otro nombre, una oración dentro de otra oración, un sueño
dentro de otro sueño.

La historia que Dios está escribiendo a través de tu vida es la trama
derivada de otra persona.

Fue cierto para los valientes de David.

Es verdad para mí.

Y es verdad para ti.

¡Deja de caminar seguro y comienza a correr hacia el rugido!

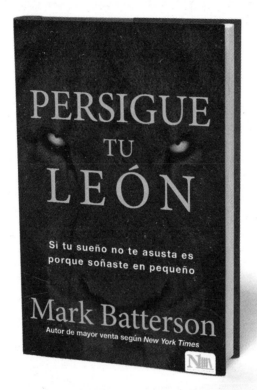

Cuando la imagen de una bestia devoradora de hombres viaja a través del nervio óptico hacia la corteza visual, el cerebro transmite un mensaje urgente al cuerpo: ¡huye! Eso es lo que hacen las personas normales, pero lo normal está sobrevalorado. Los perseguidores de leones no escapan; los perseguidores de leones corren hacia el rugido. Ellos no ven un problema de doscientos cincuenta kilos; ellos agarran la oportunidad por la melena.

No salen volando; luchan a muerte por sus sueños.

www.MarkBatterson-espanol.com

www.EditorialNivelUno.com

Para vivir la Palabra

Dios todavía habla.
¿Sabes escuchar su voz?

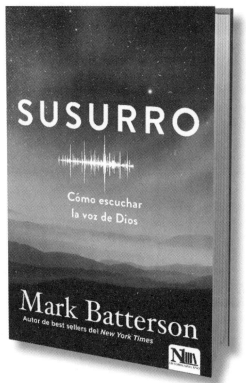

La voz que al hablar trajo a la existencia al cosmos, es la misma que separó el Mar Rojo e hizo que el sol se detuviera a mediodía. Un día, esa voz hará todas las cosas nuevas; sin embargo, ¡te está hablando ahora!

Esa voz es la voz de Dios y lo que hemos aprendido de la Escritura es que Él, a menudo, habla en un susurro. No para dificultar que le oigamos, sino para acercarnos a Él. A muchas personas les es difícil creer que Dios todavía habla. En tiempos antiguos y de maneras misteriosas, Dios hablaba a su pueblo, pero ¿está todavía hablándonos?

www.MarkBatterson-espanol.com

www.EditorialNivelUno.com

Para vivir la Palabra

Le invitamos a que visite nuestra página web donde podrá apreciar nuestra pasión por la publicacion de libros y Biblias:

WWW.EDITORIALNIVELUNO.COM